圖解

An Illustrated Guide to Macroeconomics

總體經濟學

絵でわかる　マクロ経済学

茂木喜久雄 著　　**黃意淩** 譯

晨星出版

前 言

累積20年以上的考生之聲

作者擁有指導經濟學20年以上的實務經驗。不重視站在講台上授課的傳統式教育，而是與學生站在同一個觀點思考。「那個題目若用這個方法來解的話會如何呢？」「這樣行不通的話，那這樣的話可以嗎？」「因為有在考場弄錯的可能性，為了安全起見試試這個解題方式……」把重點放在雙方之間的反覆討論。將合格的學生留給後輩學員的計算方法或在學習過程中所遇到的問題或意見整合起來，因應新的時代，不斷自問「什麼樣的教學方式才能夠輕鬆理解呢？」並逐漸累積經驗。

在這當中，盡可能不使用學習經濟學時必備的各種圖表或計算公式，即使需要也只使用加、減、乘、除的程序就能夠完成，優先考慮思考方式及圖像，並建立了一個能夠在短期內合格的系統。本書獲得講談社Scientific的協助，嘗試以圖表及插圖來整合資訊。

同系列的《圖解個體經濟學》是以周邊環境主題來引導，而本書則是設定成類似遊戲導引的方式並且以程序學習為基礎。

所有人都在相同的起跑點，由此逐漸累積學習成果。

閱讀本書前，不需要任何的事前準備或預備知識。也和年齡、學歷、經驗、職業沒有任何關係。所有人都由同樣的起跑點出發。

我想也許有些人能很流暢迅速地讀完本書，也有人需要花費較多時間才能閱讀完畢，無論哪一種都無關勝負。最重要的是持續學習，並且「完賽」。接下來，嘗試培養出以自己的力量來閱讀正式經濟學的基本書籍或題庫的精神是十分重要的。

期望本書在諸位讀者實現夢想的道路上，能夠盡點棉薄之力。

茂木經濟塾　塾長　**茂木喜久雄**

本書特色　　所 有 人 都 在 相 同 的 起 跑 點

本書目的

　　經濟學完全初學者，不須具備公式或圖表的知識，就能習得能一邊觀看圖表或圖片一邊思考總體經濟學的能力。

特色與使用方式

　　一般坊間的經濟學入門書，大部分以圖表為中心並大量使用公式；本書為作者透過長年的授課，指導過各式各樣的考生所累積出的獨特想法，幾乎不使用公式而以日常生活用語替代，不需要特別安排額外的學習時間，就能夠學習經濟學的架構。

如同玩遊戲的技能，學會經濟學

　　不是在學習，稍微將經濟學聯想成遊戲。

　　過去我們想要玩遊戲時，需要騰出時間，還得學習遊戲方式及規則。但虛擬技術發達的今日，即使不刻意挪出遊戲時間，只要利用一些空檔就可以輕鬆玩，幾乎和日常生活融為一體。

　　本書就是想讓經濟學猶如遊戲一般融入日常生活當中。 棄所謂「學習」的概念，將經濟學使用的圖表、公式，甚至專業名詞都轉化為日常生活用語，努力讓它成為生活的一部分。

　　應該能夠學習到即使走在大街上，都可以隨時以經濟學角度思考所見的能力。

只使用日常生活用語就能應付公職或就職考試

從「閱讀」到「一看就懂」

為了讓初次接觸經濟學的人，能夠循序漸進地學習到經濟學的思考能力，本書將思考流程、計算順序做細微切割，並大量使用插圖或Key Point。

將「公式」、「圖表」換成「日常生活用語」

最低限度地使用經濟學的公式或圖表，且讓初學者也能輕易了解，並能輕鬆地掌握學習的訣竅。

公開作者總是座無虛席的超人氣課程！
從「高處俯視學生的授課方式」改為「如同與朋友討論事情的上課方式」

本書的原稿使用許多來自學生最直接的語詞或是信件往來的言談，並有效實踐不冒然進入專業領域的構想。

只使用日常生活會話，
實際上足以解決真正考試時出題水準的複習題

內文不僅有趣又好玩，更能帶領讀者達成通過考試的目標。在複習題上，能夠挑戰公職考試水平（就職測驗水平），了解自己的學習成果。

本書的內容，橫跨到了公職考試（就職測驗）的共同科目範疇。而要達到專業科目（總體經濟學）也能合格的程度，需要更進一步的學習。但由於已經學會了基本的思考模式，應該能有足夠的信心來挑戰正規的學習或考古題。

圖 解 總 體 經 濟 學 　　目 錄

第 **1** 章

學習總體經濟學的
工具及舞台設定

　　當我們學習總體經濟學時，會有許多我們從周邊的報章雜誌或新聞上所得知的經濟問題。

　　但是，為了方便使用「經濟學」架構中的理論來說明，首先讓我們設定出場人物、使用哪些用語、使用什麼樣的工具來分析吧。

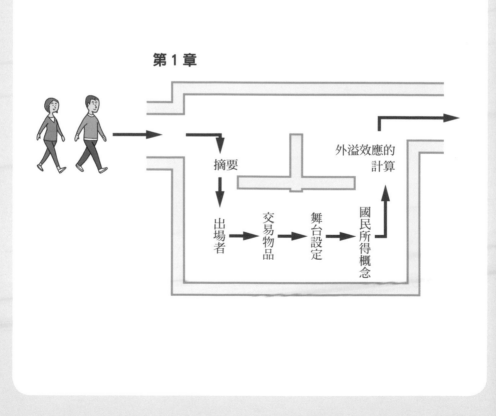

第 1 章

摘要

出場者 → 交易物品 → 舞台設定 → 國民所得概念 → 外溢效應的計算

誕生於經濟大蕭條的全新觀點

總體經濟學摘要

　　當我們走在街上，是不是經常留意到好像無論何時何地總有道路工程在進行。若車站前蓋了新的商業設施，周遭居民的生活也會因此有所改變。

　　更進一步來看，隨著舉辦奧運等大型活動，在數個地點興建大規模的建設工程時，不僅會改變周遭的生活圈、某條街或整個縣，甚至造成國家層級的影響。總之，與街邊的道路施工不同，大型建築物的建造需要大量材料的購買及運輸，也必須僱用勞工，由於從開始動工到活動結束這段時間會有許多人造訪這個地方，因此餐飲業者及零售商店應該能夠因此獲得豐碩的利潤。

　　當經濟不振，景氣低迷時，若進行大型建設或舉辦活動，應該都會產生能暫時提振景氣的印象。

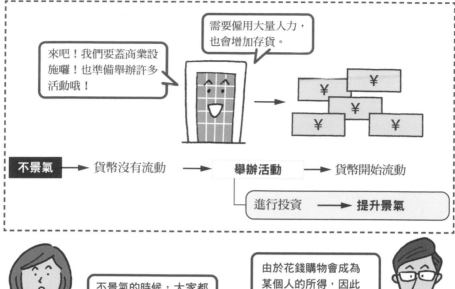

我們使用「生產」或「供給」這些名詞，來說明製造產品或是進行建設這樣的行為，但其實就是某個人製造的產品再被某個人購買。另一方面，支付金錢購買這項產品這個行為則是應用「支出」或「需求」的名詞。由於金錢是被支付出去的，所以這筆金錢會成為某個人的所得。

總之，當某個人的支出（需求）愈多時，另一個人的所得也會跟著大幅增加。

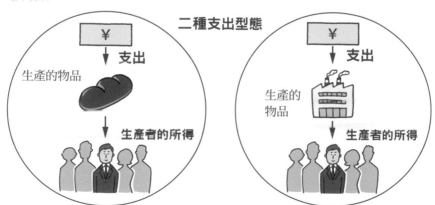

在這裡，關於支出（需求）被分為二種形態。即使都稱作支出，但

購買麵包或書籍的金額與購買機械、設備或建築物的金額所指的概念並不相同。確實都支付了金錢，但換言之，雖然買麵包和買房子都一樣是所謂「購物」的行為，但是麵包吃掉就沒有了，而建築物卻可能在未來以優於現在的條件出售並且產生收益。因此，銀行應該不會借錢讓人們去購買麵包，但卻會借錢用於建築物的建設。

　　購買麵包的支出稱為消費（或消費支出），而購買建築物的支出則稱為投資（或投資支出）。無論哪一項，都會帶來所得增加的影響，即使都是購物，但僅是當下的「消費」與對未來有幫助的「投資」，是完全不同的支出型態。

即使只買一個麵包，也會成為某個人的所得呢！

雖然麵包也很重要，但是買房子的話，就不僅是當時的所得，而是可以在未來使某個人的所得大為提升呢。

　　投資是指購買機械、設備或建築物等行為。由於這項支出（需求）增加造成所得增加的關係，會成為刺激景氣的有效手段。由於投資是由生產者（民間企業）來進行，也被稱為民間投資。

　　同樣的，政府也不能只購買設備或建築物，還會購買更加高額的道路或橋樑。這項支出（需求），被稱為**政府支出**，與民間投資相反，它被稱為**公共投資**。由於並不是由政府親自建設，而是由政府出資委託生產者（民間企業）進行，因此使用「由政府購買」這個詞彙，但在經濟學上包含了一連串的過程，而稱之為政府支出。

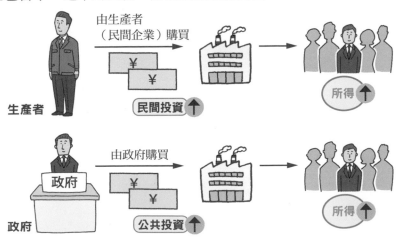

為了使經濟穩定成長，投資成為一項重要的因素，但是對於生產者（民間企業）而言不可能有不斷投資的餘力，尤其是在不景氣的時候，對於投資更是極度的悲觀，加上所得也減少了，景氣只會更加惡化。因此，貨物因為不景氣的關係銷售不出去，使生產者不再進行投資時，政府就會介入市場，進行政府支出（公共投資）。像這樣的政府支出，是我們將要學習的總體經濟學當中，占比最大的一項學習主題。

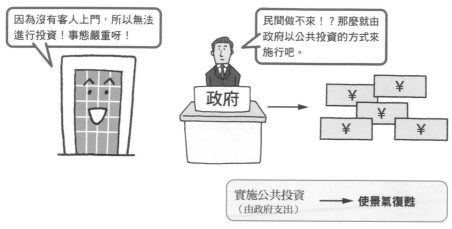

實施公共投資
（由政府支出）　——→　**使景氣復甦**

1 政府介入市場

情況 1　經濟事件

我們即將要學習的總體經濟學概念由 1929 年 10 月 24 日在紐約華爾街所發生的股災事件萌生。這個事件所觸發的，不僅是股市的崩盤，也使得經濟全面性的惡化了，並且持續發展成 1930 年代的經濟大蕭條。

美國的國民所得減半，失業率攀升至25%以上。但是這樣的經濟問題，使用當時現有的經濟學思維模式也無法找出解決的方法。為了要從危機當中復甦經濟，所採用的新思維模式，就是總體經濟學的起源——「凱因斯經濟學」。

　　經濟學家凱因斯於1936年將他主張的《一般理論》撰寫成書（《就業、利息與貨幣的一般理論》，*The General Theory of Employment, Interest, and Money*）。此後，根據有效需求的原理，歸納出政府採取介入市場或公共投資的正當性，這也是當時羅斯福新政等（進行建設水壩或橋梁的公共投資，藉此創造大量就業機會以解決失業問題）政府積極介入市場並達到經濟目標的原因。

凱因斯

在當時，建設水霸或橋樑就可以大量僱用勞工。總之沒有工作來獲取收入將會無法維持生活。

情況2　政府的機能

　　政府可以介入市場並使其產生僱用需求，但如此一來就會需要錢。簡而言之，政府的機能是從民眾身上徵收所得稅或消費稅等稅金，發行公債，再將它當作實施教育或社會福利等公共服務或法治維護的財源。

　　站在政府的角色，景氣惡化、消費衰退、失業人口增加時，政府會介入市場，進行能促進就業機會的政府支出（公共投資），總之就是執行各種能刺激景氣的政策。

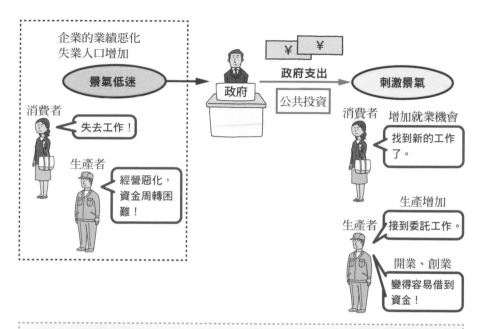

> 為了緩解 2008 年雷曼兄弟事件所帶來的經濟大衰退，日本政府一共實施了 4 次、事業規模達 75 兆日圓的經濟對策。

　　隨著新政府的誕生，直接面對不景氣的現況，報紙或新聞報導著以增加就業機會來刺激景氣的對策。然而，現在看來理所當然的政策，人們並不是自古至今都相信它的效益，而是 1930 年的經濟大蕭條後，靠著經濟學家凱因斯才闡明它的重要性。

　　那麼接下來我們將說明在凱因斯出現之前所思考的是什麼政策。

> 有選舉活動時候，候選人或政黨會提出各種經濟政策，但還是就業政策的效果最大。

> 即使單指失業政策，這項政策中也包括了各種各樣的主張，每一項都有其優劣之處。

Key Point

　　景氣低迷，面對市場的力量無法解決的經濟不景氣，政府有必要積極介入並實施刺激景氣的對策。

路線

公共投資的重要

經濟事件 → 經濟學的觀點

因為奧運的關係大興
土木，景氣復甦。

歷史性的背景 — 經濟的看法

股價暴跌、經濟
大蕭條

個體經濟學與
總體經濟學

兩者對於經濟
的看法似乎有
所不同。

說到經濟學，又分
個體和總體？好像
有點困難耶！

我們即將要學習的經濟學是關於消費者（個人）或生產者（企業）的行為，但是關於要如何看待經濟，是由個別（個體）對象的觀點，或者是以經濟整體的總計（總體）來看待二種方式組合而成。

個體經濟學

以個體（微觀）方式做分析。關於構成經濟的消費者或生產者，學習到什麼樣的行為對於市場上的價格及交易數量會產生什麼樣的影響。

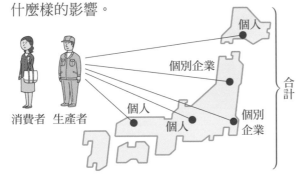

消費者　生產者

個人

個別企業

個人

個人

個別企業

合計

總體經濟學

以總體（宏觀）的方式觀察經濟，並使用總計單位（總額）來分析消費或生產、所得或就業、物價水準等是如何決定的。

這是源自於凱因斯的《一般理論》（1936）以領域性來學習經濟政策的適當性或經濟整體行為。

在個體經濟學當中的分析對象會以被稱為消費者「A先生」的個人或生產者「A公司」的單一企業等，以個別為單位做出最適當情況的考

量。相對於個體經濟學，總體經濟學則是以「日本全國」或「地區整體」這樣的**總計單位**進行分析。總之，會以日本的國內生產毛額（GDP）的高低、日本與中國之間的貿易問題、美國的經濟政策等國家單位的現況進行分析考量。

我們能從個體經濟學中找出利潤最大化的單位量，那麼把國民全體生產加總計算的話不就會變成是總體經濟學嗎？

確實是這樣沒錯，但卻不能完全套用。

看起來似乎是將個體經濟學的個別單位全部加總起來後，就可以成為總體經濟學的總計單位進行分析，但事實上會有無法如此簡單計算的情況。我們以下列案例來進行思考吧！

> **例題**
>
> A先生為了準備老年退休生活，盡可能地節約不花錢並增加存款。若將A先生的行為代入成全體國民，是否這個國家的國民儲蓄就是增加的呢？

以個體單位來看，或以A先生個人來看，為老年退休做準備而盡量不花錢的話，儲蓄增加是理所當然的。在這情況下個人的顧慮就減少了。

但是以總體的總計單位來看，不只是A先生，而是總計單位的消費者全體都不花錢的話，就會因為物品銷售不出去使得經濟惡化，反而會使全體國民開始擔心退休後的生活。

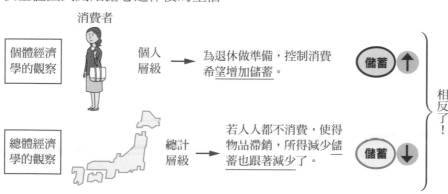

就像這樣，由於經濟學可能會得到不同的結論，因此我們必須經常

具備個體和總體二種觀點。

　　經濟學是由個體經濟學及總體經濟學二種架構而成，但是它們的分析內容或思考方式卻存有許多的不同之處。另外，在分析時所使用的用語也不一樣。例如，購物時會有下列的情況發生。

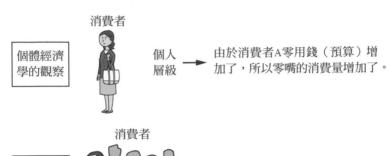

消費者

個體經濟學的觀察　　個人層級　→　由於消費者A零用錢（預算）增加了，所以零嘴的消費量增加了。

消費者

總體經濟學的觀察　　總計層級　→　由於日本的國民所得增加了，所以消費提升了。

　　個體經濟學是決定像拉麵（在經濟學上稱為「產品」）這類物品的消費量或生產量。它是具體的以錢包當中有多少錢（預算）來決定能夠購買多少零食的方式來探求數量；另一方面，零食生產者則以多少的生產量是賺最多錢的**具體數值**來表示。

　　當然，零食可以1個、2個來計數，電視機的生產量要幾台？雜誌要幾本？由各個產業的製造商決定數量，按照各別的市場狀況來決定價格。

　　相對的，總體經濟學提到的「生產（供給）」，單純是以日本全國總生產（供給）的多寡來表示。

　　無法像個體經濟學這種將零嘴、電視或雜誌全部加總起來，把要製造多少的生產量以數值來呈現。各自的單位不同，性質也不一樣。

　　而在總體經濟學中會將每種糖果、電視和雜誌的生產量轉換成為「金額」，並顯示其**總量**。

　　因此，即使單指所得也是以「國民所得」、「國內生產毛額（GDP）」、消費或投資這類的金額用來做為表示單位。

在個體經濟學當中，生產銷售的部分以1個、2個、100個的數量方式表現。

在總體經濟學當中，生產銷售的部分可以國內生產毛額金額的方式呈現。

3 古典學派與凱因斯（凱因斯派）

路線

公共投資的重要

經濟事件 → 經濟學的觀點

因為奧運的關係大興土木，景氣復甦。

└ 歷史的背景 ── 經濟學的學派

造成股價暴跌、經濟大蕭條

古典經濟學是引用個體經濟學的思維

在凱因斯之前沒有總體經濟學嗎？

雖然有總體式的看法，但是形式上似乎有點不同。

　　在開頭時我曾經介紹過關於總體經濟學與經濟學家凱因斯之間的關係，凱因斯定位自己的理論為「一般理論」，過去的經濟學家則定位為「古典學派」。由於古典派是以個體經濟學為前提來觀察總體經濟，因此與凱因斯的方式不同。

古典派的思考方式

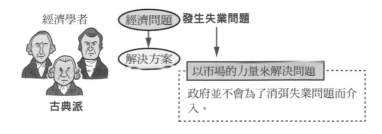

經濟學者

經濟問題　發生失業問題

解決方案

以市場的力量來解決問題

政府並不會為了消弭失業問題而介入。

古典派

失業是經濟學上是代表性的經濟問題。當發生失業問題時顯示經濟不景氣、物品滯銷的情況。若無法銷售出產品，生產者就無法獲取金錢。簡單來說，這也是失業的原因之一。

但是古典學派認為失業只是種一時的現象。總之，他們認為即使有銷售不完的產品也會因為市場的力量使價格下跌，價格下跌後產品自然會賣出，失業的問題就會迎刃而解。

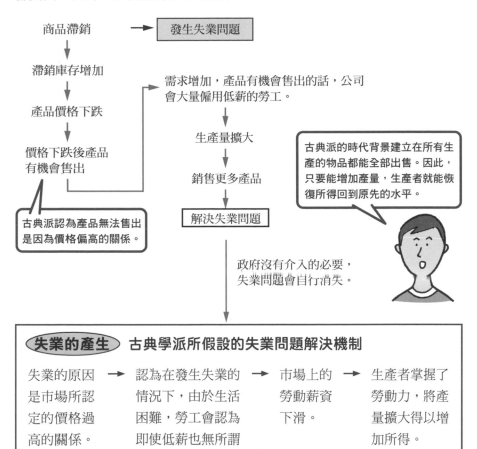

古典派對於價格調整機制有極度的信任感。亞當‧斯密所提倡的市場價格是由「**冥冥之中有隻看不見的手**」來決定，並不會產生過度暢銷或庫存滯銷的情況，交易量彷彿受到上天的引導會自動決定。

原來是因為暢銷產品的價格會上漲，而滯銷產品的價格則會下跌，從而獲得適度的交易量。

　　但不代表古典學派的理論中沒有以總體經濟學的觀點來思考，而是以個體經濟學為基礎來說明總體經濟學。

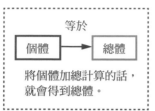

將個體加總計算的話，就會得到總體。

　　古典學派以價格理論為主題來分析，透過個別觀察消費者或生產者來研究經濟領域。另一方面，總體經濟學以總體為單位來分析經濟。由此，出現了把個體加總後的數字就成為總體的想法（透過參與市場的消費量或生產量的總計來掌握整體情況）。

　　例如，在總體經濟學當中最重要的論點之一是「消費是依據什麼決定的？」但是由於古典學派是以個體經濟學為基礎來說明總體經濟學，所以認為消費會如同個體經濟學般依附於價格。

價格下跌的話消費量就會增加，價格上漲的話消費量就會減少。

　　因此，使用這個觀點來觀察經濟的情況下，政策目標為**價格的適當化**。價格不適當時（例如，出現獨占企業以過高價格進行販售），政府需要介入市場，將價格調整至適當的位置。

Key Point

　　古典學派相信價格調整機制，認為靠**市場的力量**能夠解除失業問題。因此對於政府使用財政政策為主軸介入市場的作為十分消極，提倡「**小政府**」的概念。

凱因斯的思考模式

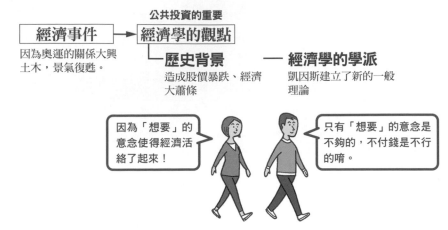

路線

公共投資的重要

經濟事件 → 經濟學的觀點

因為奧運的關係大興
土木，景氣復甦。

歷史背景 — 經濟學的學派

造成股價暴跌、經濟
大蕭條

凱因斯建立了新的一般
理論

因為「想要」的
意念使得經濟活
絡了起來！

只有「想要」的意念是
不夠的，不付錢是不行
的唷。

1930 年時爆發了**經濟大蕭條**。美國的失業率高達25%，人們的所得降低。保持沉默並不能解決失業問題。此時，人們認為古典學派所主張的傳統經濟學不再適用於當時的情況。

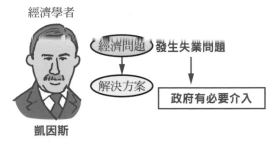

經濟學者

經濟問題 發生失業問題

解決方案 政府有必要介入

凱因斯

凱因斯假設價格並不像古典學派所主張的那樣，會對市場的力量產生敏銳的反應。

在經濟相當不景氣之下，物品無法售出會間接使企業的收益惡化，產生想工作也無法工作（**非自願性失業**）的情況。因此，他主張政府必須積極介入市場，透過實施政府支出（公共投資）來解除失業的情況。像這樣由政府帶動需求的政策稱之為**財政政策**。

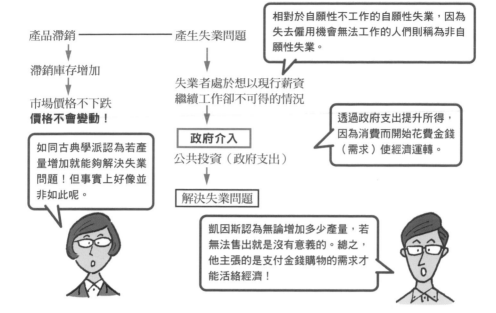

《參考》菜單成本理論

菜單成本理論是說明「**價格僵固性**」的假設之一，在這樣的情況下的價格沒有彈性波動。這是由於當生產者想要變更價格時會考量到所需的費用。例如，要變更目前的商品型錄價格，伴隨而來的印刷費用或自動販賣機的變動，隨著更新菜單產生的費用，重新製作報紙或電視媒體廣告的費用等等。這些費用被統稱為**菜單成本**。

菜單成本與其對應的利潤增加數字相比較，若後者增加的數字不如預期時就會考慮維持現行價格。

在此凱因斯的主張當中最重要的是不能引用個體經濟學來說明總體經濟學，而是將總體經濟學分類到另一個完全不同的領域，並且以一般理論來發表。

例如，對於「消費是透過什麼來決定的」此一主題，古典學派認為是依附於價格來決定，但凱因斯派則認為是依附於**所得**來決定。

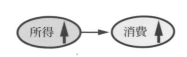

若所得上升，消費也會增加，所得下降時，消費也會減少。

因此，為了使消費增加，應該以使所得增加為目標政策。

　　凱因斯主張一個財政政策充裕的「大政府」。並且以公共建設為中心來吸收失業者，他認為如此可以克服景氣低迷的問題。透過這項提倡，在1930年景氣大蕭條時實施了**羅斯福新政**，建設橋樑或水壩，創造了許多就業機會。

4 賽伊法則與有效需求原理

路線

```
                公共投資的重要
  經濟事件  →  經濟學的觀點  →  經濟學的論點
  因為奧運等活動大興      歷史背景        賽伊法則與有效需求原理
  土木，景氣復甦。        造成股價暴跌、經濟   認為需求與供給的其中一項牽
                       大蕭條         引著經濟。
```

　　在總體經濟學當中，觀察的是全國整體的經濟規模，但此一規模的大小，必須考量需求面或供給面。

從這裡開始，偏向理論說明。

賽伊法則

首先，古典學派認為供給者（生產者）會牽動著經濟規模。這個說法受到**賽伊（Say）法則**的支持。

賽伊法則主張「供給創造本身需求」的說法，在價格調整機制正常運作的前提下，也可以換做是「製造的物品都能夠全部銷售」。在所有的物品都能銷售一空的經濟下是由供給（生產）方來決定經濟。

※賽伊（Say）是古典派經濟學者的名字。

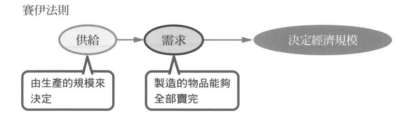

供給面，就是認為以生產規模來決定經濟規模的古典派主張，接下來將說明凱因斯所主張的由需求方來帶動經濟。

有效需求的原理

凱因斯主張無論生產者製造多少的物品，但若無法支付金錢而不被需要的話就無法看出該項產品價值。也就是說，決定經濟規模大小的並非供給而是需求。

這種貨幣支出所伴隨的需求稱為**有效需求**，在有失業問題的經濟環境之中，經濟規模的大小受到有效需求規模的帶動。這被稱為**有效需求原理**。

有效需求原理

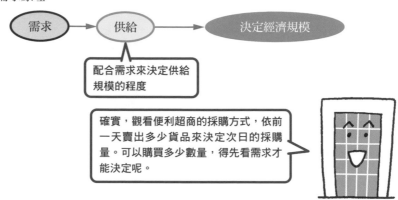

配合需求來決定供給規模的程度

確實，觀看便利超商的採購方式，依前一天賣出多少貨品來決定次日的採購量。可以購買多少數量，得先看需求才能決定呢。

有效需求原理與下列的項目有關。

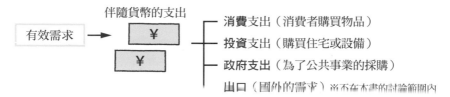

有效需求包括消費投資、政府支出等等，由於在不景氣的時候無法期待消費或投資的擴大，因此使政府支出增加，被判斷為是解決失業問題最有效的方式。

> ## Key Point
>
> 有效需求規模和經濟規模的大小相互牽引。有效需求包括消費、投資、政府支出、出口等，它的增加對景氣具有影響力。

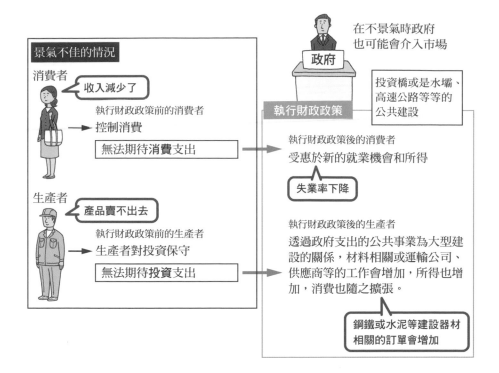

掌控有效需求

　　凱因斯認為當消費者、生產者的民間經濟不安穩時，再加上有時處於景氣低迷，有時處於景氣繁榮，在這些情況之下可能會引發諸如失業和通貨膨脹之類的經濟問題。因此，他提出政府應介入市場，並透過自由裁量財政政策來**掌控有效需求**，並能夠達成充分就業與經濟穩定成長的目的。

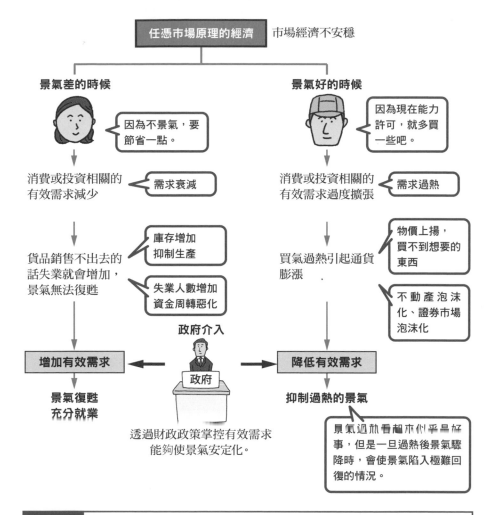

複習題

　　下列1～4的選項當中，關於有效需求的論述哪一項是最適當的呢？

1. 在勞動市場上，不會產生失業問題，會自動達到充分就業的目標。

2. 市場上所供給的物品，會透過價格的彈性調整全數銷售完畢。

3. 由於需求創造出供給，因此生產只需要配合需求規模的大小來進行調整。

4.　現在、過去和未來沒有貨幣支出的需求也會成為有效需求，進而影響經濟。

（地方上級　改題）

【解說】

由於題目是指關於有效求的原理，因此選擇凱因斯的主張。嘗試著是否能夠把選項歸類到古典學派。

1.　×　充分就業只能靠市場的力量自動達成是古典學派的主張。

2.　×　所有的貨品都能銷售完畢的前提是古典學派的思想。

3.　○　遵從有效需求的原理，供給依附著需求規模的大小。

4.　×　單純「想要」的需求並不會影響經濟，並不符合有效需求理論。伴隨貨幣支出的需求才是有效需求，才會牽動經濟。

因此，**正確答案為3**。

5　政府的財源（近期日本的案例）

路線

公共投資的重要

經濟事件 → **經濟學的觀點** → **經濟學的論點**
因為奧運等的活動大興土木。景氣復甦。

┗**歷史背景**　　　┗**有效需求的原理**　→ **彙整**
造成股價暴跌、經濟　　由於需求的規模牽　　符合現實
大蕭條。傳統的經濟　　引著經濟，政府若能掌
學論點無法應變。　　　控需求的話，經濟就
　　　　　　　　　　　能安定成長。

最後，讓我們用最近日本的案例來觀察。

若政府介入市場，陸續對公共投資或政府消費（在Unit17說明）實行支出，經濟理應會在未來穩定成長，但實際上卻是難以進行。

政府本身並不是生產者，無法進行產品交易並賺取金錢，必須向人民集資，把這些當做財源（本金）來做為政府支出。

政府有錢嗎？

參考2017年日本的政府預算收支，募集資金的明細當中，稅金（稅收）占了近6成，其他的3成以上則是公債收入。所謂公債收入是指政府無法確保來自稅收的財源時，向國民貸款所募集的金額，具體來說就是發行並銷售「**公債**」所取得的金額。

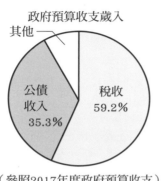

政府預算收支歲入

（參照2017年度政府預算收支）

事實上借了蠻多錢。

政府

所謂歲入，是指日本政府在預算收支上的收入，將它做為財源來施行政策。

但是公債有年限，若是10年期公債的話，10年後到期日時必須還錢給購買的人，而在這10年當中持有公債的人可以得到利息。也就是說，雖然是公債的交易（售出及購入），但其實也就是日本政府向日本國民借錢，而公債就是類似借據的概念。

稅收不足，沒有足夠預算，因而發行公債。

公債

債券

政府

買入公債就當做是存錢吧。

長期資金拿來投資較無風險的公債吧。

民眾

TOPIC

　　2008年的雷曼兄弟事件後，政府處於稅收減少而不得不持續仰賴於發行政府公債的情況。另一方面，人們面對金融商品的檢視也變得更加慎重，而購買此項公債也受到矚目。

　　政府公債風險較低，比存款利息高，也可以做買賣，也還有各種各樣的運用操作方式。

政府發行的公債分為建設公債與特殊公債（赤字公債）兩種。建設公債是圍繞著公共建設等使用的財源。建設公債是用於橋或道路等巨額投資，即使發行很多公債，也會對經濟發展有相對應的貢獻。特殊公債（赤字公債）需要經過國會決議後發行一定的金額。特殊公債（赤字公債）僅是為了彌補政府稅收不足以執行預算所需金額的差額部分。換句話說，並沒有值得特地借錢來運用的資產。若以一般家庭來舉例說明借來的錢，建設公債就如同用在房屋貸款，特殊公債（赤字公債）就如同用於生活費用這樣的情況。

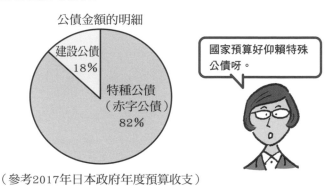

公債金額的明細

建設公債
18%

特種公債
（赤字公債）
82%

國家預算好仰賴特殊公債呀。

（參考2017年日本政府年度預算收支）

實際現況來說，特殊公債（赤字公債）卻超過公債的8成以上，持續著財政不健全的情況。

TOPIC

　　雷曼兄弟事件引發了全世界經濟同時衰退的擔憂，內閣會議決議政府以定額補助金的方式來開始一連串振興經濟的對策。
　　但是，由於政府同時又宣布增加消費稅等政策，因此也出現了無法對於定額補助金的經濟效果有所期待的聲浪。

　　我們應該都曾在電視新聞或報紙上看到批判刺激景氣的政策是「亂七八糟政策」。這究竟是什麼樣的問題呢？在不景氣的時候，政府振興經濟的政策相當重要，但若以特殊公債（赤字公債）來做為財源時，這些金錢就只會是債務。

　　也就是說，即使利用定額補助金使消費者增加一時的收入，人民也不見得會用這筆錢來購物。

這是為什麼呢？因為來自特殊公債（赤字公債）的財源，會因為必須償還借款，因此普遍認為在未來幾年有增加稅收的可能性。

一想到會有因此而增稅的可能性，就會使人們抑制消費，就有可能無法達到政府所期望的景氣刺激效果。

 振興景氣的對策十分重要，但是若使用發行公債的借款方式來當做財源的話，似乎也有各種不同的意見。

因為還款而增加稅收所產生的反對意見也不少，先減少目前已經舉債的公債金額應該才是首要的吧！

6 政府活動的支出（近期日本的案例）

政府支出上的金額主要用於公共建設中的基礎建設。橋樑或道路建設所支出的金額，與消費者日常購物金額的規模不相同。因為這項公共建設使建築業者收到訂單，若能使得資金流動就達到了這項政策的目的。

然而，如右側的圓餅圖，觀看最近政府支出的情況時，卻發現為公共建設所支出的金額僅占了全體的6%左右。這是什麼原因呢？

日本在戰後對毀損的建築物、橋樑或道路進行重建，並執行經濟底盤的基礎建設，將資源挹注在核心產業並把施力點放在經濟發展上。

且在1955年至1973年達成了年平均超過10%以上的**高度經濟成長**。工廠建設等大型設備投資，迎接了被稱為三神器的「電視、冰箱、洗衣機」的消費擴大並大量生產的時代。在當時的時代背景下家庭家電並不普遍，相當有使社會全體的需求擴大的「餘力」。

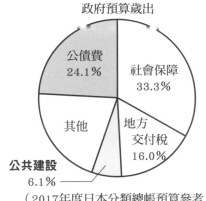

政府預算歲出

公債費 24.1%
社會保障 33.3%
其他
地方交付稅 16.0%
公共建設 6.1%

（2017年度日本分類總帳預算參考）
歲出指的是日本分類總帳中的支出。

日本也曾經有經濟成長率超過10%的時代耶。中國或印度也準備迎接這樣的時代了嗎？

日本在2000年時也有過IT革命，最近則是第4次產業革命（人工智慧、物聯網或3D列印等）這些革新似乎都是經濟發展的關鍵呢。

　　經濟發展的源頭是有新的建設、新的生活或新的工作環境。一但建設完成，經濟發展的利益就會減少。

　　總之，像日本一樣的先進國家都已經完成了基礎建設。因此即使再進行更多公共建設也難以成為對於景氣有刺激幫助的經濟政策。

　　在公共投資當中景氣刺激效果最大（人、物品、金錢流動、製造就業機會）的事物有鐵道、港口、機場、電力等等，但是日本在這些建設上已經充足，現在的公共建設有防災、減災、危老化政策或公園、下水道等重要的事物，但這些在振興經濟上的效果都十分微小。

　　這樣的話，日本政府把錢用到哪裡去了呢？看了圓餅圖就會發現占了最大比例的是**社會保障**。用於醫療照護、育兒補助。這些並不會產生如同基礎建設般的僱傭需求，但卻是個難以刪減的項目。

　　第二大的是公債費用。這是支付利息給購買公債的人們，以及償還到期公債的支出。由於過去發行了高額的公債，因此公債費用也占了極大的比例。

　　政府預算歲出比例多寡的順序為社會保障、公債費、地方交付稅。

Key Point

　　現在的日本，公共投資的比例數值大約占政府預算歲出不到一成的比例。

複習題

　　下列1～4選項當中，哪一項對於關於2017年度日本政府預算支出的論述最為適切？

1.　稅收占了歲入的8成左右，透過公債發行的調度大約在10%上下。

2. 在所發行的公債當中，以公共建設為目的的特殊公債占了近 20%。

3. 公共建設費占一般會計歲出的1成。

4. 占政府預算支出比例多寡的順序為社會保障費、公債費、地方交付稅、公共建設費。

【解說】

1. × 稅收比例占歲入的59.2%。仰賴公債的比例（公積依賴度）為 35.3%。

2. × 公共建設為目的的公債稱為建設公債，大約近18%。

3. × 公共建設費占一般會計歲出6%，數字不到1成。

4. ○ 順序為社會保障費、公債費、地方交付稅、公共建設費。

正確答案為4。

TOPIC

　　日本經濟從1990年泡沫化以來，被稱為「失落的10年」、「失落的15年」到最近甚至說是「失落的20年」。在資產泡沫期進行了過度投機性投資，資產價格的上漲與實體經濟大幅偏離。然而，不久後就因投機熱度冷卻，像泡泡一般破滅，資產價格急速滑落，陷入供需平衡受到破壞的情況。並且在進行過度的設備投資之後，還殘留巨額的呆帳。也被指謫為處理速度過慢，造成後來的通貨緊縮使景氣退步的原因。

　　良好的景氣確實是理想的，熱絡的景氣因為會創造出需求或僱用機會，無論消費者或生產者都期望能持續下去。然而，過熱的景氣一但陷入冷卻，要再恢復也需要相當長的時間，這也是日本在經歷了「泡沫化」後才有的體認。

　　回首過去，也有聽到有人後悔地說，若能更早實施抑制景氣的對策的話，就不用像現在這樣面臨長期的低成長期了，但是政府應該哪一個時間點、又該如何執行經濟對策呢？什麼時候才被議會認可呢？就算決定了，是什麼時候才會發揮它的效果呢？種種考量之下，對於政策負責人而言，施行即時的經濟政策是並非一件簡單的事。

Unit 02

哪些人處理那些事？彼此又是什麼樣的關係？

總體經濟學的舞台設定

如同在Unit01當中學習到的，總體經濟學以政府介入市場的適當性及優劣為主軸進行分析。如此一來，似乎用不著太多的議論就能把結論歸納成一頁。但事實上所謂總體經濟學，是透過在何種市場、使用何種工具，使得即便是同一個經濟現象，卻有完全不同看法。

再者，由於在總體經濟學當中，經濟的結構是非常平衡的體系，而且充分掌握物品或金錢、勞動、貿易之間的相互關係。

在本單元當中將會介紹現在起要學習的總體經濟學當中出場的主要角色，以及透過計算來表現這些出場者之間關係的「經濟體制」。

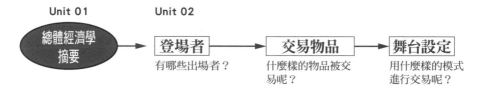

換句話說，本單元就如同購買新的物品或遊戲的說明書一般。很少有人能從頭到尾詳細閱讀說明書，大部分是一邊使用一邊回顧及確認。在此會有許多的新名詞出現，但這個頁面將提供從現在開始在學習中會使用到哪些用語的整體圖像。

1 是誰在交易著什麼樣的商品？

在總體經濟學當中談到了**消費者（家庭）**、**生產者（企業）**、**金融機構**、**政府**、**國外**這五個出場者。總體經濟學的出場者被稱為經濟主體。由於關於「國外」是指國外的消費者、生產者、金融機關、政府，當每次提到「包含國外」時，都會將它們從具體的分析中排除，由其餘四者的關係形成總體經濟學的基本模型。

出場者

好像是遊戲當中的角色一樣呢！

消費者　　生產者　　金融機構　　政府　　國外

交易的物品

在總體經濟學當中，上列的經濟主體所交易的物品有產品（物品或服務）、貨幣、勞動、債券這四項。也有它們各自的市場（需求與供給），產品市場、貨幣市場、勞動市場、債券市場這四種市場，若有三種達到均衡（需求＝供給）時，剩下的最後一項也應該能夠達到均衡，我們將處理除了債券市場以外的產品、貨幣、勞動市場三種市場，它們全都是達到均衡，也就是需求與供給一致的狀況，被稱為**總體一般均衡**。

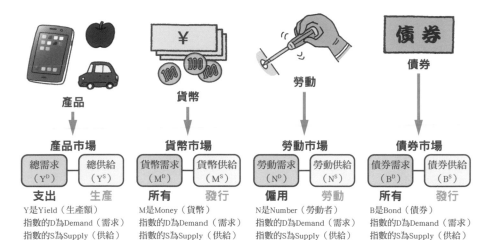

產品	貨幣	勞動	債券

產品市場	貨幣市場	勞動市場	債券市場
總需求（Y^D）　總供給（Y^S）	貨幣需求（M^D）　貨幣供給（M^S）	勞動需求（N^D）　勞動供給（N^S）	債券需求（B^D）　債券供給（B^S）
支出　　生產	所有　　發行	僱用　　勞動	所有　　發行

Y是Yield（生產額）
指數的D為Demand（需求）
指數的S為Supply（供給）

M是Money（貨幣）
指數的D為Demand（需求）
指數的S為Supply（供給）

N是Number（勞動者）
指數的D為Demand（需求）
指數的S為Supply（供給）

B是Bond（債券）
指數的D為Demand（需求）
指數的S為Supply（供給）

※此處雖用英文標記，但還不用強迫自己背誦。

　　總體經濟學進行交易的市場中，產品，也就是物品被交易的市場被稱為**產品市場**，產品需求稱為總需求（Y^D）、產品供給稱為總供給（Y^S）。另外，**貨幣市場**為貨幣需求（M^D）與貨幣供給（M^S），**勞動市場**為勞動需求（N^D）與勞動供給（N^S），在債券市場為債券需求（B^D）與債券供給（B^S），我們將觀察各個市場需求與供給的均衡。

2 總體經濟學的舞台（總體經濟模型）

　　接下來我們將透過這些出場者（經濟主體）所交易的商品說明他們之間的關聯。

　　這項設定被稱為**總體經濟模型**，在總體經濟學當中是用來表示經濟主體之間的相互關係，考試時會遇到一種試題，題目下方說明了某個市場當中存在著某種經濟主體，並請考生分析、解答問題。例如「沒有政府存在的市場」或「有政府存在的市場」其分析或結果都不相同。

問題：假設沒有政府活動僅有民間的總體經濟模型。

問題：思考消費、投資、政府支出的總體經濟。

出題模式

問題：不考慮國外部門的總體經濟模型如下所示。

舞台設定 （總體經濟模型）

觀察考題裡的總體經濟模型。最初只有消費者與生產者入場。

消費者　生產者

設定 1：**市場上只有消費者與生產者的案例**

（主要與古典學派相比較）

出場者（經濟主體）
消費者　生產者

消費者

生產者

首先以只有消費者與生產者存在的經濟做考量。

這是古典派以個體經濟學為基礎所假設的模型，為了與古典派做比較，總體經濟學也會使用同樣模型。

經濟的組成

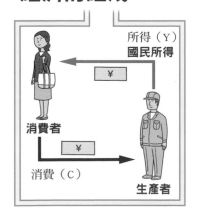

所得（Y）
國民所得

¥

消費者

¥

消費（C）

生產者

模型概略（設定1）

①消費者向生產者提供勞務，得到**所得（Y）**。消費者獲取的所得為「賺取的金錢」，在總體經濟學上則是將全國所得合併計算後稱為**國民所得（Y）**。

②消費者獲取所得，將它全部用在**消費（C）**。消費所使用的金錢又回到生產者身上。

因為總體經濟學的問題依附國民所得（Y）的多寡，因此該模型等於是消費（消費支出）的多寡。

交易商品
所得（Y）與消費（C）

Y是Yield（生產額）也是指國民所得或國內生產毛額。
C是Consumption（消費）。

關於所得（Y），在總體經濟學當中所謂「國民所得」是很普遍的問題，但是由於所得的多寡與生產的總量（銷售並獲取金錢）相等，因此也可以稱為國內生產毛額（GDP）。

※GDP為Gross Domestic Product的縮寫。

設定 2：市場上僅有消費者、生產者、金融機關的案例
（政府不存在的市場）

　　接下來，我們來思考僅有消費者、生產者、金融機關的市場。這種情況下出題方式通常是「假設在沒有政府的情況下」、「假設僅有民間部門」，這是總體經濟學中最基本的模型。

出場者（經濟主體）
消費者　生產者　金融機關

我要進來囉！

金融機關

消費者

生產者

金融機關
總體經濟學中的「金融機關」是指包括中央銀行（在日本是日本銀行）和民間銀行（民營銀行）兩種。

金融機關

金融機關進行入市場，在此稍微把模型做轉換看看吧。

經濟的組成

①所得（Y）
國民所得

消費者

金融機關

③儲蓄（S）

④投資（I）

②消費（C）

生產者

模型的概略（設定2）

　　和設定1做比較吧。在設定1當中的消費者使用掉所有的工作所得，但加入金融機關後就有了些許的改變。

①消費者透過工作獲得所得（Y）。

②所得移轉到消費（C）。

③所得當中沒有消費的部分稱為**儲蓄**（**S**）。

④金融機關將手上收到的現金融資（借出）給生產者（企業），借到錢的企業以新取得的資金進行新的**投資**（**I**）。

所謂生產者的投資（I）並非用於飲食上的部分，而是指使用於建築物的建造、商品的進貨等未來用於買賣的項目，會產生收益的支出。

產生收益後，再償還向金融機關貸款融資的金額。

換句話說，一個國家可能**僅就儲蓄金額進行投資**。

在這個模型中，由於**有效需求會等於消費支出和投資支出的大小**，所以，國民所得（Y）＝消費+投資。儲蓄的金額全部用做於投資時，經濟體不會再更大，因此在這個水平下經濟達到均衡。也就是

投資＝儲蓄

的時候經濟達到均衡，並呈現取得收支平衡的狀態。（將在 Unit06 中詳細說明。）

設定 3 ·市場上有消費者·生產者·金融機關·政府的情況
（以閉鎖經濟為前提）

再來我們進一步思考有消費者、生產者、金融機關、政府存在的市場。在考試出題時會出現「除了國外」、「閉鎖經濟」的字眼，由於加入政府的關係會形成總體經濟學獨有的模型。（不存在於個體經濟學當中。）

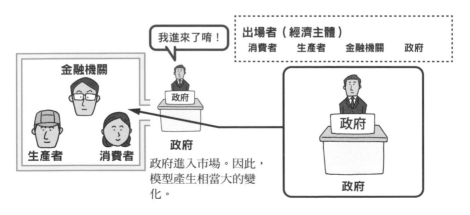

我進來了唷！

出場者（經濟主體）
消費者　生產者　金融機關　政府

金融機關

政府

生產者　消費者

政府
政府進入市場。因此，模型產生相當大的變化。

政府

經濟的組成

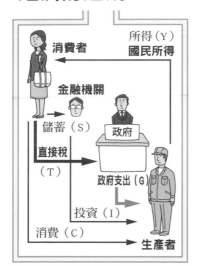

所得（Y）
國民所得
消費者
金融機關
儲蓄（S）
政府
直接稅
（T）
政府支出（G）
投資（I）
消費（C）
生產者

交易商品
所得（Y）、消費（C）、儲蓄（S）、投資（I）、政府支出（G）、稅金（T）

G 為 Government（政府支出）
T 為 Tax（稅金）

模型概略（設定3）

消費者（家庭）的所得當中，得先支付政府**稅金（T）**（通常屬於直接稅）。

之後才能運用剩下的金額（實際所得＝**可支配所得**）。再將它分為消費及儲蓄。

（生產者也有支付稅金，但在此省略。）

接下來，政府以從這些經濟主體所募集到的稅金為基礎進行**政府支出（G）**。具體來說，由於政府出錢來建設維修道路或公共設施，政府將金錢轉交給生產者，再用來僱用消費者（勞工），於是又再變為所得。由於有效需求為消費、投資、政府支出，所以這個模型以下列算式表現：

國民所得（Y）＝消費＋投資＋政府支出。

> ### Key Point
> 在閉鎖經濟的總體經濟下，國民所得的算式為
> 國民所得（Y）＝消費＋投資＋政府支出

原來政府支出（G）是從消費者及生產者所募集來的稅金為財源來進行的。

設定 4 ：市場上有消費者、生產者、金融機關、政府、國外的情況

最後我們來思考有消費者、生產者、金融機關、政府、國外存在的市場。這種題型會以開放式經濟來命題，主要都是和貿易相關的問題。

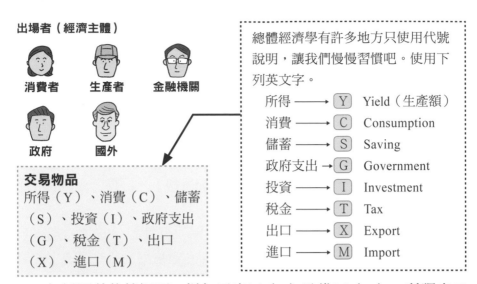

出場者（經濟主體）

消費者　生產者　金融機關

政府　國外

交易物品
所得（Y）、消費（C）、儲蓄（S）、投資（I）、政府支出（G）、稅金（T）、出口（X）、進口（M）

總體經濟學有許多地方只使用代號說明，讓我們慢慢習慣吧。使用下列英文字。

所得 ── Y Yield（生產額）

消費 ── C Consumption

儲蓄 ── S Saving

政府支出 → G Government

投資 ── I Investment

稅金 ── T Tax

出口 ── X Export

進口 ── M Import

　　包括國外的情況下，增加了出口（X）及進口（M）。所謂出口（X）指來自國外的需求加項，而進口（M）則是對於國外的需求減項。因此（出口－進口）將被加計至需求的部分。下圖當中，由於貿易是與生產者之間所進行，因此畫了箭號來表示。

模型概略（設定4）

以下圖中包括生產者所繳納的稅金「間接稅－補助金」，但這部分僅在 Unit17 中提及。

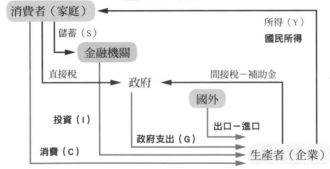

　　綜上所述，我們可以得知推動著經濟規模大小的有效需求是由各個經濟主體之間的消費（C）、投資（I）、政府支出（G）、出口（X）相互計算而來。在這個模型中，決定國民所得有效需求的總量是消費、投資、政府支出，還有來自國外需求的「出口－進口」相加後計算而得。

　　以「國民所得（Y）＝消費＋投資＋政府支出＋出口－進口」來表示。

Key Point

在開放經濟下的總體經濟學當中國民所得的算式

國民所得（Y）＝消費＋投資＋政府支出＋出口－進口

複習題

下列總體經濟產品市場的敘述何者較妥當呢？

1. 包括政府活動的閉鎖經濟模型中，消費者的可支配所得是由所得扣除稅金及儲蓄後的部分。

2. 在只有民間部門的總體經濟學當中，所謂儲蓄是指消費者所儲存的金額，包括存入金融機構及家裡私房錢的部分相加後的總額。

3. 在開放式模型當中，進口經常與出口相等。

4. 在只有民間部門的總體經濟學當中，當儲蓄與投資相等時，由於經濟體系不會再擴大，因此產品市場達到均衡。

5. 在閉鎖式的經濟模型當中，消費、投資、稅金、政府支出的總量合計後得出總需求。

（地方上級　改題）

【解說】

1. ×　關於包括政府活動的閉鎖經濟模型中，消費者獲取的所得，得先繳納稅金，剩餘才是可支配所得。因此分為被消費掉的部分（消費）及未被消費掉的部分（儲蓄）。

2. ×　儲蓄是指未被消費的部分。

3. ×　出口是來自國外的需求，進口則是對國外的需求，是需求量減項。因此這兩者並不經常相等。

4. ○　依照只有民間部門的總體經濟學有效需求原理，經濟規模的大小由消費支出及投資支出的總量來決定（政府支出與出口除外）。在這當中，要說有多少可以做為投資支出，由於只能以沒有被消費掉的儲蓄部分來做支出，因此投資等於支出，經濟體系不會再擴大，並且達到均衡（取得收支平衡）的狀態。

5. ×　包括政府活動的閉鎖經濟模型中，總需求是消費＋投資＋政府支出的總量。

因此，**正確答案為4**。

何謂國民所得？
它是如何被計算出來的呢？

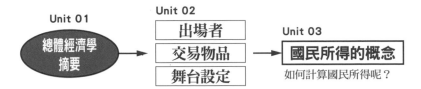

Unit 01
總體經濟學摘要

Unit 02
出場者
交易物品
舞台設定

Unit 03
國民所得的概念
如何計算國民所得呢？

為圖經濟安定成長，政府控制著有效需求，實現理想的國民所得數字。在此，我們將重新說明何謂國民所得。

國民所得也可以簡單稱為「所得」。總體經濟學是以總計單位來觀察，所得的總計單位為國民所得，「所得」是一般使用的說法。說到所得，大部分會聯想到薪水，但這是從有在工作的人的角度來看。這個金額原本是出售物品時所支付的金錢。而依它的多寡也可能產生經濟問題。

這次要來定義什麼呢。

做各種準備真是辛苦啊。

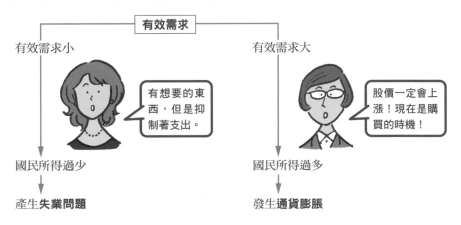

有效需求

有效需求小

有想要的東西，但是抑制著支出。

國民所得過少

產生**失業問題**

有效需求大

股價一定會上漲！現在是購買的時機！

國民所得過多

發生**通貨膨脹**

1 何謂國民所得？

　　某國的經濟，也就是「呈現什麼樣的經濟狀況」，可以用所得的總計來看，它是透過國民所得來表示。

　　國民所得的總量用薪資的總和或是支出金額的總和來表示都是正確的，但在經濟學上給了以下的定義。

　　所謂**國民所得**，是指一個國家在一定期間內透過生產所產生的**附加價值**的總計，或是所得的合計。

　　出現了**附加價值**這個有一點難以表達的名詞，若以具體的例子來說，即使是原味的蜂蜜蛋糕，在塗上奶油後以巧克力或水果做裝飾，就變成裝飾蛋糕。再加上可愛的外盒或方便外帶的包裝及配送的話，可以想像它會比以最初的原味蜂蜜蛋糕高出許多的價格販售。這就是原味蜂蜜蛋糕被添加的價值，也就是附加價值的範例。

　　我們將它稍微具體的延伸來觀察。

思考模式

　　我們平時所看到的產品，換個名詞來說就是「完成品」。完成品是經過生產過程被製造出來的物品。例如，所謂麵包這個產品並不是無中生有的，而是透過附加價值的形成所產生的產品。

麵包的製作過程

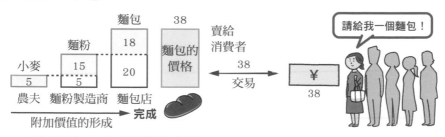

　　觀察麵包完成前的附加價值，

農夫→由小麥的銷售金額扣除幼苗或肥料的價格後=5

麵粉製造業者→扣除支付給農家的小麥費用後的金額=15

麵包店→扣除支付給麵粉製造業者的麵粉費用後的金額=18

將前頁附加價值合計後就能求出國民所得。

附加價值的合計

5 + 15 + 18 = 38 國民所得
農夫　麵粉製造商　麵包店

感覺是把原料費扣除計算！

2 三面等價原則

在日常生活中並不是經常使用經濟學理論所使用的「國民所得」一詞。在統計學上則多用**GDP（國內生產毛額）**來表示，我想大家應該曾在新聞當中聽過幾次。所謂GDP是指英文Gross Domestic Product的字首縮寫，被稱為「廣義國民所得」，本書的經濟理論是基於「國民所得」來說明。

GDP（國內生產毛額）雖說是「生產」，但生產取決於有效需求，因此總需求＝總生產。

再進一步而言，由於被生產的物品會被轉換為所得的關係，因此總生產＝總所得，最後形成總需求＝總生產＝總所得的情況，這三項全部成為等價的關係。

總需求＝總生產＝總所得的情形，簡單來說就是某些人製造的物品（生產），被某些人購買（支出＝需求），而這些使用的金錢再成為某些人的所得（所得＝分配），最後，形成這三者相等的情況。

國民所得可由三個觀點來推測，使用稱之為**三面等價原則**的計算手法。我們對照上圖來計算看看（關於計算的方式，在Unit17會再度說明）。

麵包製造過程

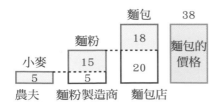

麵包　38
　18
麵粉　麵包的
　15　價格
小麥　　20
　5　　5
農夫　麵粉製造商　麵包店

可以從這個圖表中進行三種計算。

生產面

首先，由生產面來著手時（總生產），稱為**生產國民所得**，將生產階段所產生的附加價值的數量加總計算。

> 農夫的生產　　麵粉製造商的生產　　麵包店的生產
> 　　5　　＋　　（20－5）　　＋　　（38－20）　＝ 38

即使是生產，由於只加總附加價值部分的關係，因此要扣除上一個階段所生產的部分。若未扣除的話會形成重複計算的情形。

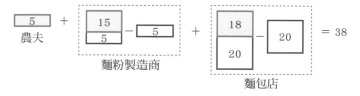

分配面

接下來生產出來的物品，被販賣並產生所得。

扣除進貨費用後的附加價值產生了所得，這個所得的總計（總所得）稱為**分配國民所得**。

> 農夫的所得　　麵粉製造商的所得　　麵包店的所得
> 　　5　　＋　　　15　　　＋　　　18　　＝ 38

支出面

在此，因為把最終被稱為麵包的產品出售，消費者成為最後的購物者。也就是說，這個支付（總需求）的合計也能夠成為計算國民所得數量的方法。

這種情況被稱為**支出國民所得**。

> 麵包的最終需求額＝ 38

麵包的
價格
38

是支付金額的合計呢！

可由三個面向來觀察國民所得!

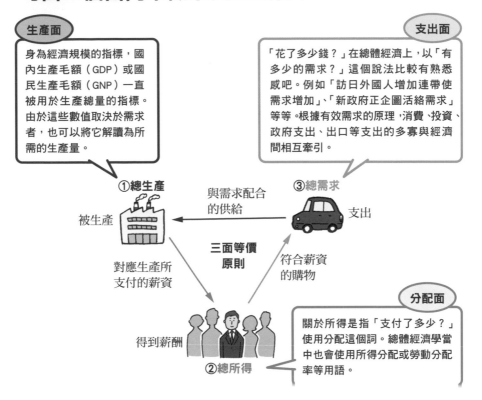

生產面

身為經濟規模的指標,國內生產毛額(GDP)或國民生產毛額(GNP)一直被用於生產總量的指標。由於這些數值取決於需求者,也可以將它解讀為所需的生產量。

支出面

「花了多少錢?」在總體經濟上,以「有多少的需求?」這個說法比較有熟悉感吧。例如「訪日外國人增加連帶使需求增加」、「新政府正企圖活絡需求」等等。根據有效需求的原理,消費、投資、政府支出、出口等支出的多寡與經濟間相互牽引。

①總生產

被生產

與需求配合的供給

③總需求

支出

三面等價原則

對應生產所支付的薪資

符合薪資的購物

分配面

得到薪酬

②總所得

關於所得是指「支付了多少?」使用分配這個詞。總體經濟學當中也會使用所得分配或勞動分配率等用語。

Key Point

依據三面等價原則的思考方式,在一個國家的經濟當中,無論站在生產面、分配面、支出面上任何一個觀點來看,理論上金額將會一致。

複習題

　　如同三面等價所表示，GDP可以從生產面、支出面、分配面三個方向來掌握。下列ア～オ的資料是從經濟活動的生產面、支出面、分配面當中任一所獲取，與支出面關連的項目及與分配面關連的項目是哪一個呢?

ア. 僱用者的現金薪資

イ. 在國內所生產的產品數量

ウ. 企業的建築物等新建築數量

エ. 整個家庭的消費支出

オ. 出口額

	支出面	分配面
1.	ア、エ	ウ、オ
2.	ア、エ、オ	ウ
3.	イ、オ	ア、エ
4.	ウ、エ、オ	ア
5.	エ、オ	ア、イ

（市公所 改題）

【解說】

ア. 與所得有關，故與分配面有關。

イ. 與生產有關，故與生產面有關。

ウ. 因為是企業的新建築進行的投資支出，故是與支出面有關。

エ. 與消費者的消費支出相關，故與支出面有關。

オ. 出口是來自國外的需求，故與支出面有關。

　　綜合上述**正確答案為4**。

Unit 04

錢財乃天下流通之物

計算經濟的外溢效應

當有重大事件或活動時，我想大家都曾在新聞或報章等看到過「帶來數十兆經濟效益！」的報導。

報導範例
東京奧運為全國帶來32兆日圓的經濟效應

報導範例
超電導浮軌列車正式通車後，至少有10兆日圓的經濟效益

如何計算出這些數字呢？這個單元我們將去思索箇中奧妙。

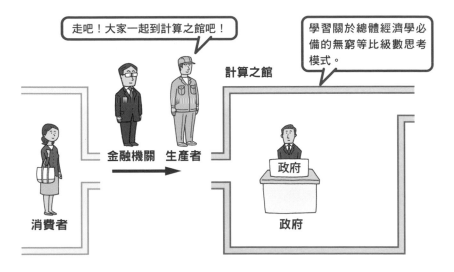

由於超電導浮軌列車通車的關係，產生了龐大的建設費用支出，這將對周邊地區的產業或生活帶來巨大的影響。所謂的金錢是在支付時成為接受者收入，再進一步被支付給某個人並成為某個人的收入。

超電導浮軌列車這類鐵道工程的公共投資會產生新的車站，街道也煥然一新，勢必斥資鉅額，投入的資金不僅流向與該建設相關的生產業者，也會透過支付的形式流向進貨的業者、運輸公司、飲食業者，並透

過支付勞動者報酬的方式使家電或娛樂產品的營業額跟著增加。並預期會產生影響生活的外溢效應。

在此我們準備了計算外溢效應的工具。如同「外溢」這個詞一般，去計算效益逐漸擴散開的樣子。

<h2>1　無窮等比級數的和</h2>

與消費者在便利商店購買飲料這種支出不同，不能光看於投資支出或政府支出時投注的資本為暫時性交易，而是必須去思考這筆金額在交易業者之間循環時，會對經濟全體帶來多少的「外溢效應」。

因此，計算此項效應時，使用被稱為**無窮等比級數**的工具，由於要計算出全體效應，所以需要計算**無窮等比級數的和**。

此外溢效應，如同漣漪波紋般在最初時的波動較大，但隨著波紋擴散後漸漸變小。另外，由於金錢可以用於任何交易，交易也會被無限執行，和（加法）也會由無限的數字持續進行加總。因此首先，我們要開始思考下列的計算方式。

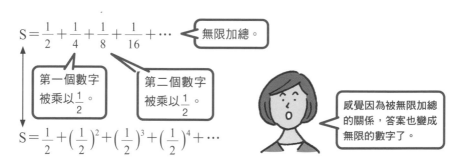

$$S = \frac{1}{2} + \frac{1}{4} + \frac{1}{8} + \frac{1}{16} + \cdots$$
無限加總。

第一個數字被乘以 $\frac{1}{2}$。

第二個數字被乘以 $\frac{1}{2}$。

$$S = \frac{1}{2} + \left(\frac{1}{2}\right)^2 + \left(\frac{1}{2}\right)^3 + \left(\frac{1}{2}\right)^4 + \cdots$$

感覺因為被無限加總的關係，答案也變成無限的數字了。

如同上列公式般，把第一個數字（首項）$\frac{1}{2}$ 乘以固定數值（公比），$\frac{1}{2}$ 後的數值當做下一個項次，再把下一個項次的值乘以相同數值後成為下一個值，將會發現它是一串反覆相乘的數列。

首項（第1項）	公比
$\frac{1}{2}$	$\frac{1}{2}$

為了進行計算，只需要知道第一個數字及要乘以的數字即可。

並且，將這些項目全部加總起來計算出**無窮等比級數的和**。由於被無限加總的關係，乍看起來似乎無法計算，但其實它的構造十分簡單，接下來我將進行說明。

計算

步驟1

接下來，我們將進行計算。把要計算的式子設定為①，並確認首項與公比。

$$S = \frac{1}{2} + \frac{1}{4} + \frac{1}{8} + \frac{1}{16} + \cdots \qquad ①$$

首項（第1項）$\cdots \frac{1}{2}$ 　　公比$\cdots \frac{1}{2}$

最初的數字

步驟2

接下來，將①式的兩邊乘以公比，再做出另外一個式子。

$$S = \frac{1}{2} + \frac{1}{4} + \frac{1}{8} + \frac{1}{16} + \cdots \qquad ①$$

將兩邊乘以公比 $\frac{1}{2}$

$$\frac{1}{2}S = \frac{1}{4} + \frac{1}{8} + \frac{1}{16} + \frac{1}{32} + \cdots \qquad ②$$

把這個算式設定為②。

步驟3

相等的數字，即使從兩邊減去相同的數字依然相等。

最後，把②減去①。

$$S = \frac{1}{2} + \frac{1}{4} + \frac{1}{8} + \frac{1}{16} + \cdots \qquad ①$$

$$-\Big)\ \frac{1}{2}S = \frac{1}{4} + \frac{1}{8} + \frac{1}{16} + \frac{1}{32} + \cdots \qquad ②$$

$$S - \frac{1}{2}S = \frac{1}{2}$$

整理後，

$$\left(1 - \frac{1}{2}\right)S = \frac{1}{2}$$

$$\frac{1}{2}S = \frac{1}{2} \qquad 將兩邊放大成2倍$$

$$S = 1$$

將①減掉②後，兩式的 $\frac{1}{4}$ 之後的數字都會消去。

將②減掉①後，②式最後的數值留下沒有被消去。

但是，由於這個數字為0（無限趨近於0，幾乎為0），並不包括在計算之中。

步驟4

$$S = \frac{1}{2} + \frac{1}{4} + \frac{1}{8} + \frac{1}{16} + \cdots \qquad ①$$

則 S＝1。

求無窮等比級數的合，會得到如此單純的答案。

特別在總體經濟學當中，並不會要求如數學般複雜的計算，因此這個思考方式並不是必要的。主要希望各位了解，在考試中看到看似困難的題目，實際上是可以輕鬆化解的。我將它整理成一個公式。

Key Point

無窮等比級數和的公式

$$\frac{首項}{1 - 公比}$$

只要代入公式，就能看到解答是1。

$$\frac{首項}{1-公比} = \frac{\frac{1}{2}}{1-\frac{1}{2}} = 1$$

我們來思考看看，為什麼計算無窮等比級數的和會這麼簡單呢？

我們將數字轉換為圖形。首先，首項為 $\frac{1}{2}$，再來第2項為 $\frac{1}{4}$。同樣的，將公比為 $\frac{1}{2}$ 的數字加總起來後，就會發現它剛好會形成一個正方形被填滿的狀態。

數字的確被無限加總了。但以這張圖來說明的結果，即使可以無限分割，但總面積不會改變。可以無限但仍適用於數字不變這句話。例如把 Pizza 切成兩半，再切成兩半，可以無限持續這個動作，但把全部的切片加總起來也不可能大於原本的 Pizza。

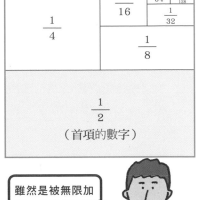

（首項的數字）

被圖像化後，瞬間就了解解答為「1」。

雖然是被無限加總，但卻像不斷地填格子呢！

練習題

下列無窮等比級數的和為多少？

$$S = 2 + \frac{2}{3} + \frac{2}{9} + \frac{2}{27} + \cdots$$

1. 2　　**2.** 3　　**3.** 9　　**4.** 27

【解説】

計算無窮等比級數的合時，必須考量首項與公比的數字是多少。首先，只要看第一個數字就可以立即判定首項為2。

接下來看公比，每一項都是逐一乘以 $\frac{1}{3}$。

將各別的數字應用於公式中。

無窮等比級數和的公式

$$\frac{首項}{1-公比} = \frac{2}{1-\frac{1}{3}} = \frac{2}{\frac{2}{3}} = 2 \div \frac{2}{3} = 2 \times \frac{3}{2}$$

$$= \cancel{2} \times \frac{3}{\cancel{2}} = 3$$

綜合上述**正確答案為3**。

2 無窮等比級數與外溢效應

使用無窮等比級數的合，想像關於投資的效應會如何產生漣漪呢？

例如，政府為落實振興經濟的政策，出資補助某個活動，採購了1億日圓的商品。

而這筆1億日圓的支出能達到多少的經濟效應呢？（假設本案例的關係人會將所得的 $\frac{1}{2}$ 再用於消費。）

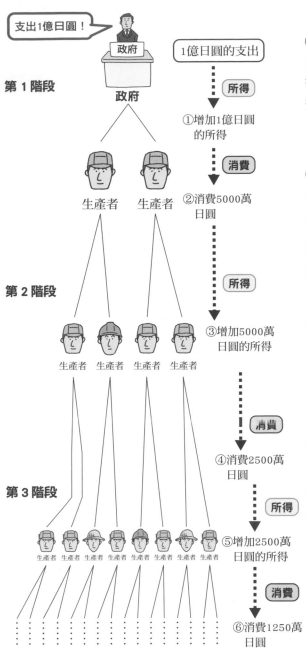

①首先，由於政府支出全數都會成為所得，因此我們認為所得會增加1億日圓。

第1階段

所得增加1億日圓

②在總體經濟學當中，當所得增加時消費也會增加，生產者的所得增加1億日圓，就會使消費增加其 $\frac{1}{2}$ 的5000萬日圓。

③接下來，消費掉的5000萬日圓會成為賣方的所得。

第2階段

所得增加5000萬日圓

④並且，5000萬的 $\frac{1}{2}$ 2500萬日圓又再被消費掉。

⑤消費掉的2500萬日圓再次成為賣方的所得。

第3階段

所得增加2500萬日圓

⑥接下來，2500萬的 $\frac{1}{2}$ 1250萬日圓又再被消費掉。

⋮

　　以公共投資為名義的支出，將成為收到這些金額的生產者的所得，所得的增加再促進消費，這些消費會再成為其他生產者的二次所得，由於這些行為反覆進行，所得的產生會呈現如無窮等比級數般的外溢效應，並持續增加。總體經濟學會將這些全部加總起來計算出所得（國民所得）的總量。

所得的加總

$$= 1億日圓 + 5000萬日圓 + 2500萬日圓 + 1250萬日圓 + \cdots$$

$$= 1億日圓 + 1億日圓 \times \frac{1}{2} + 1億日圓 \times \left(\frac{1}{2}\right)^2 + 1億日圓 \times \left(\frac{1}{2}\right)^3 + \cdots$$

公比

將它整理後，

$$= 1億日圓 \times \left\{ 1 + \frac{1}{2} + \left(\frac{1}{2}\right)^2 + \left(\frac{1}{2}\right)^3 + \left(\frac{1}{2}\right)^4 + \cdots \right\}$$

括號中使用了無窮等比級數和的公式。

$$\frac{首項}{1 - 公比} = \frac{1}{1 - \frac{1}{2}} = 2$$

考試中所出的題目，只要套用公式就能夠計算的出來。

$$= 1億日圓 \times 2$$
$$= 2億日圓$$

　　簡而言之，可以計算出這項活動政府所支出的1億日圓為所得帶來的外溢效應為2億日圓。

　　在此例題當中，是以國民將所得的 $\frac{1}{2}$ 用做於消費為前提，但若預期更多的消費時外溢效應將會更多。

Key Point

　　若能了解人們**將所得的多少百分比用於消費，之後又會造成多少的外溢效應**，在景氣不佳時，政府就能夠用來推測為了刺激景氣政策的公共投資金額最終能夠帶來多少的效益。

第 **2** 章 總體經濟學的理論

第2章將以第1章當中所學到的知識為基礎，更進一步熟悉經濟理論，並實際挑戰考試中所出現的經濟學問題。

接下來，讓我們進入經濟理論館。

總體經濟學的理論為產品市場、貨幣市場、勞動市場這三種市場。並且在最後使用統計上的數值來學習國民經濟計算。首先，一開始是產品市場，也就是物品或服務的市場。產品市場分析又被稱做45度線分析。（被稱為45度線分析的原因請參照Unit09的第1節。）

日常生活中也經常使用著經濟學用語！

產品市場分析（45度線分析）①
認識基本用語

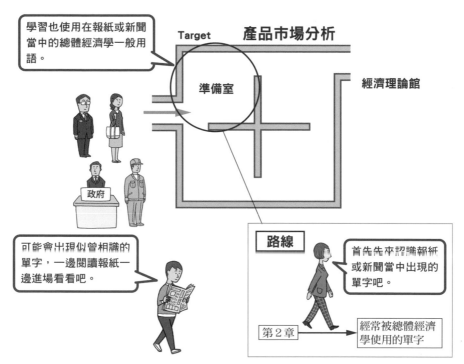

接下來我們將逐一攻略總體經濟學的理論。先從產品市場分析著手。本單元做為學習的準備室，說明報紙或新聞當中也會出現、關於總體經濟學所使用的基礎概念。我想應該也有已經聽過的名詞，在這裡可以深入了解。

1 所謂「邊際」的看法

在總體經濟學或個體經濟學當中都有出現「**邊際～**」這個名詞。例如我們腦袋中記憶著邊際成本、邊際生產力這類的單字。所謂邊際，意思是指再多製造1個的話，用於邊際～後面所接的用語會有什麼樣的變化。

比如提到邊際成本，是指「**再多製造1個的話**，成本會如何變化」的意思。也許聽到只有這樣會覺得：「什麼嘛，那然後咧？」但其實它是十分重要的哦。

例如在生產麵包時，最初從0到製作第1個時斥資鉅額準備了廚房及僱用麵包師傅。但是，當產量從第100個增加到第101個時，員工也已專業化，或引進大型機械，材料費應該也會因為大量進貨的關係變得更加便宜。而且，若製作更多的話，每增加一個產量的成本也僅剩低廉的材料費。

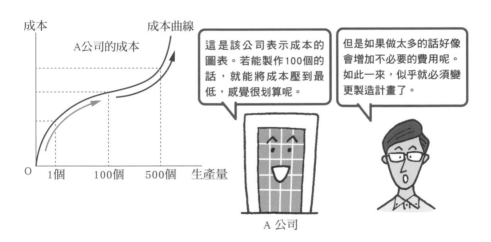

這是該公司表示成本的圖表。若能製作100個的話，就能將成本壓到最低，感覺很划算呢。

但是如果做太多的話好像會增加不必要的費用呢。如此一來，似乎就必須變更製造計畫了。

A 公司

經濟學中「邊際」的意思，並非指「limit」（界限），而是「marginal」（邊界）。這是指「增加、減少的部分」與「界線」的意思。

總之，使用稱為「邊際」的概念使如何變化變得具可視性。若以

現在的資源為基礎進行生產，能夠觀察到在各種情況下需要花費多少成本或生產力、收益或利潤，並且能夠推測接下來要如何因應為佳。

以5年計畫達成最大效率生產的目標！

在中途不曉得會不會發生什麼狀況，最好事先假設好各種情況比較好哦！

思考著為了產生利潤應該要做些什麼呢？也必須去思考要怎麼做也許能夠減少損失。

例如，某個國家以目前的最佳狀態為基礎，計畫5年後要達到某個一定的產量。在沒有重大經濟變化的前提之下，這個計畫應該能夠順利執行，但若遇到環境變化時，計畫有可能在中途陷入沒有效率的狀態。

因此經濟學經常會假設最佳狀態與能取代它的第二方案，將經濟狀態及生產環境的變化考量進去，並有容許計畫隨時可以變更的必要性。此時，被稱為「邊際」的概念就是能適應這種環境變化的工具。一般會**做成圖表**，並需要去考量過去、現在、未來分別顯示了什麼樣的趨勢。

2 流量與庫存

在總體濟學當中經常被使用的思考方式，有**流量（FLOW）**與**庫存（STOCK）**的概念。從字面上看，流量就是流動（流入或流出），而所謂庫存則是儲存（如同貯藏與存貨的意思）。

換句話說，所謂流量的概念是指一段期間（例如一年內）當中，我們會看到增加了多少、減少了多少，而庫存的概念是指看到某個固定時間點（例如12月31日）餘留了多少。

當想要計算自己的財產時，我認為有每個月匯入的薪水與當下的存款金額這二種思考方式，無論是個人或國家都是相同的。

經濟的規模，是視有效需求（消費支出、投資支出、政府支出等等）的多寡而產生變化，有二個概念可以掌握這一點。能夠運用如同下圖一般在水槽中注入水的概念幫助理解。

庫存的概念 ⟶ 國民財富

它可以追溯過去，並呈現出到上期為止累積了多少財富（庫存）並以資產價值來表現。可以把它想像成儲存在水槽中的水。符合國民財富的有建築物、備品、機械或土地、地下資源的估價、對外淨資產等等。但是並不包括現金存款或股份等金融資產。

為什麼金融資產不包括在國民財富的範圍中呢。在金融資產的情況之中，例如對存錢的人而言是資產，但未來必須返還，所以對銀行而言是負債。公司債對持有的人而言是資產，但對發行的公司來說

則是負債。所謂負債是指如同借款般的事物，若計算到國民財富這種淨資產當中的話，會由財產的總額扣除負債的差額。也就是說，由於金融資產的資產會與負債相抵消，所以一開始就不列在計算範圍之內。

流量的概念 ⟶ 國民所得

顯示一年中所得的流量（流量：流入與流出）的名詞，為國民財富的增加部分。表示今年度的所得被用於消費或投資的支出。在這當中「消費」為沒有被儲存下來，流出水槽外的水；但是由於投資（民間‧公共）形成該國的資本，因此成為國民財富，為水槽的加項。這是總體經濟學當中的一大探討主題。

3 名目與實質

在總體經濟學當中，當舉某個例子時，例如提到「所得」的時候，又分為「**名目**」或「**實質**」二種思考方式。說到名目是指「外表呈現的、面額上的」意思，而說到實質則讓人想到「真正的、實際價值」的意思。就算沒有特別具備經濟學方面的知識，但若提到名目所得時就會令人聯想到是指票面上的金額，而提到實質所得時，則不是指票面價格，而是實際所得的價值，也就是說能夠購買多少的物品。這大概才是正確答案。

舉實際的例子來說明吧。假設 H 在擔任知名職棒選手時（1959年）的契約金為 1,500 萬日圓，所得即為 1,500 萬日圓。數十年過去，他在 2018 年成為棒球總教練的所得也是 1,500 萬日圓。所得雖然相同，卻不免讓人對 1,500 萬日圓是否具有相同價值產生疑惑。而「名目」與「實質」就是說明所得價值的必要工具。

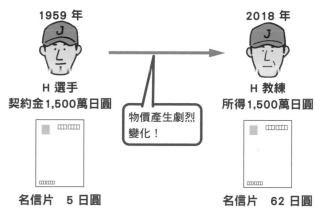

由於票面都是 1,500 萬日圓，這個金額就被稱為名目所得。而名目所得並不會改變。但是從 1959 年到 2018 年之間物價有相當程度的變化。1959 年時 1 張名信片的價格為 5 日圓，而大學畢業的起薪大約近 21 萬日圓。

總之，由於明信片的價格在這 59 年當中漲價了 12.4 倍，若單純只以物品的價值（物價）做衡量工具的話，若無法得到 1959 年的所得的12.4 倍，就無法在 2018 年時購買等值的物品。

一樣是1500萬日圓，會因為時代的不同，價值也有天壤之別呢！

1949年的大學畢業新鮮人的起薪（公務員）好像是4,223日圓的樣子。

假設，即使2018年獲得11,000日圓（1959年大學畢業起薪）×物價上漲率（12.4倍）=136,400日圓。但結論是能夠購買的數量並沒有改變。在不同年代，無論是11,000日圓或136,400日圓，物品所測得的實質價值是相同的。（在計算上是以物價上漲率除以名目所得計算出實質所得。）

與票面金額相同的是「名目」，以物價做為尺度的則稱為「實質」呀！

$$11,000 \text{ 日圓} = \frac{136,400 \text{ 日圓}}{12.4}$$

以除法計算物價上漲率時就會知道，兩者是相等的呢！

為了調查在這段期間國民生活發生多少改變，必須去除這樣的物價變動影響。若說「物價上漲12.4倍，薪資也上漲12.4倍！」實際上卻沒有什麼改變；但若說「物價上漲12.4倍，薪資也上漲24.8倍！」就可以認為是薪資上漲了2倍。

4 通貨膨脹與通貨緊縮

總體經濟學當中，通貨膨脹與通貨緊縮是經常被提出的經濟問題。首先我們先說明關於通貨膨脹的部分。

通貨膨脹（Inflation）

通貨膨脹（Inflation）是指物品的價格持續上漲的現象，而物品價格上漲，反過來說則意味著貨幣的價值降低了。

觀看拍賣場等就可以得知，當人們「想要某件物品」的需求增加時，該物品的價格就會節節攀升。然而在總體經濟學當中並不把特定物品價格高漲當作是個問題，而是當幾乎所有物品的價格都一起上漲的現象才是問題，與特定物品因為一時的人氣所導致的漲價大不相同（總

之，並非針對特定物品，而是觀察經濟整體物價上漲的問題）。

是什麼原因造成通貨膨脹呢？造成的原因分別由需求推動或成本推動來看待，各有不同的思考方式。

所謂**需求拉動的通貨膨脹**（**Demand - Pull Inflation**）是指因為需求大量增加所造成的物價上漲，其發生的原因是由於景氣好轉，金錢量增加的關係。

首先當景氣熱絡時，人們大都會認為「現在起商品賣得出去，自己的薪資也會增加吧」。這樣一來，因為商品更加暢銷而使銷售該商品公司的職員薪資提升。當薪資提高，想要購買更多物品的需求也會隨之增加，就可以想像物品價格也會跟著上漲了。

在需求高漲的狀態下，也會出現將存款提領出來購物的情況，在外流通的金錢也會愈來愈多。而貨幣的增加與通貨膨脹為互相連結的關係。

接下來說明所謂金錢增加的情況。現今是由日本銀行控制金錢數量（貨幣供給量、又稱為貨幣供應量／ Money Supply，或是貨幣存量／ Money Stock，詳細內容會在Unit12當中說明），為了簡化內容，可以想像成是江戶時代由江戶幕府所發行的小判＊。

例如，江戶幕府為了從財政困難中掙脫，發行了黃金含有率減半的小判。由於只使用一半的黃金量，所以能夠發行此過去多2倍的小判。因此，金錢數量增加為2倍，使江戶社會上流通了2倍的金錢。

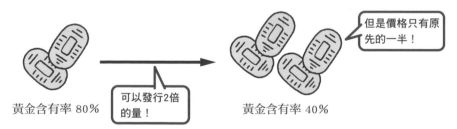

黃金含有率 80%　　可以發行2倍的量！　　黃金含有率 40%　　但是價格只有原先的一半！

但是江戶幕府真的能購買過去2倍數量的物品嗎？結論是由於黃金含有率僅有原先的一半，因此價值也只有原本的一半，購買相同物品時也必須使用此原本多2倍的小判。

＊小判：又稱小判金，是江戶時代流通的貨幣。採用純金製成。1601年，德川家建立了新的慶長金銀貨幣制度，開始大量鑄造小判，並規定小判為全國通用貨幣。有公定價格（面值），兌換交易有規定的比例。

最後，即使金錢增加了2倍，但購買相同的物品時也需要2倍的金額，也就是物價上漲了2倍的意思。

在此以江戶時代的典故為例，但由於現在的貨幣是以紙張來鑄造，比小判更加容易印刷製造。總而言之，欠缺計畫大量增印鈔票恐怕會引發惡性通貨膨脹(Hyper Inflation)。

由於金錢的數量與物價之間有連動關係，金錢的供給方必須對情勢有適當的判斷。

惡性通貨膨脹(Hyper Inflation)最具代表性的事件，發生在第一次世界大戰後的德國。由於政府大量印製鈔票的關係，平時食用的食材竟然漲到數兆馬克的情形。甚至還發行了面額100兆馬克的紙幣。

人們認為即使物價變成2倍，但若是金錢的數量也變成2倍（金錢的價值為2分之1）時就不會造成太大的問題，但事實並非如此。

關於通貨膨脹會引發什麼問題，讓我們用稍微極端的事件來討論吧。現在，假設有一個薪資10萬日圓的人，擁有100萬日圓的存款及100萬日圓的貸款。當發生劇烈的通貨膨脹使物價上漲10倍，薪資也漲到10倍變成100萬日圓時，如此一來，努力存下的100萬日圓變成與每個月薪資等價，貸款也被縮小至可以輕鬆的用一個月的薪資來清償的程度了。

通貨膨脹對有貸款的人來說感覺似乎比較划算，但對於購物的消費者而言卻是相當困擾呢。

在貨幣價值容易變動的國家工作時，似乎有人一領到薪水後就立刻去換成貴金屬的樣子。

還有一個是**成本推動的通貨膨脹**（**Cost - Pull Inflation**）。簡單來說是指由於製造產品的費用、原物料或薪資等成本上漲，進而影響到物價的上升。

它並非指特定物品，而是指對經濟全體物價上升的影響，對多數企業來說，身為成本根基的石油價格上漲等等被列為其主要原因。1973、1979年發生的石油危機時，在許多的製造業必須仰賴石油進口的環境

中，人們擔心成本推動的通貨膨脹（Cost - Pull Inflation），而急遽地通貨膨脹造成了社會問題。

形成通貨膨脹的情況

過去200日圓的蘋果

不拿出300日圓就買不到蘋果。

物品的價值 ↑

物品與金錢價格平衡

同樣的蘋果卻需要300日圓。

增加

金錢的價值 ↓

貨幣的價值下跌時稱為**通貨膨脹**。由於貨幣的價值下跌，因此需要比過去更多的貨幣。

通貨緊縮（Deflation）

接下來我們來思考關於通貨緊縮。

通貨緊縮（**Deflation**）是通貨膨脹的相反，貨幣價值逐漸上升而物價卻漸漸下跌的情況。比起金錢數量來說，這是物品的數量過剩的狀況，伴隨著貨幣價值上漲發生。並非指特定產品因特賣等原因造成價格下跌，而是指經濟全體的物品價格停滯的情形。

即使是經濟不景氣（低成長），經濟也還是在成長，因此物價和薪資也必須相對提高。而這種物價停滯不前的情況，會使經濟全體呈現物品銷售不出去的狀況，物品無法銷售出去，營業額減少，因此無法支付員工薪資，引發削減租金或人力（這個情況稱做**緊縮漩渦**）的惡性循環（若經濟持續成長時物價也會繼續上漲，但在通貨緊縮時物價停滯，因此實際上也會表現出所謂「物價下跌」的情形）。

通貨緊縮和失業呈現出骨肉相連的關係。

在物價持續下跌的情況下，比起現在就購買想要的物品，會有更多的人選擇暫時觀望，等待價格下跌時再趁機購買。由於人們保守購物，要打破不景氣實屬一件相當困難的事。

過去200日圓的蘋果

同樣的蘋果
變成100日圓。

形成通貨緊縮的情況

同樣的蘋果
只要100日圓。

物品的價值 ▼

金錢的價值 ▲

物品與金錢
價格平衡

貨幣的價值上漲時稱為**通貨緊縮**。相較貨幣的數量，物品的數量多，與貨幣價值的上漲環環相扣。

5 90年代後期開始的貿易變化

　　現在我們的生活當中有許多的進口商品，周邊充斥了許多從亞洲各國輸入的進口商品，我們毫不抗拒地使用它們，也不是什麼新鮮事了。但是，是什麼樣的原因使韓國或其他東南亞國家將致力於出口產業呢？在1990年後半期時，亞洲各國發生了通貨危機。在這之後，亞洲諸國透過擴大**淨出口**（將入口減去出口，成為有效需求的部分），才得以逃離這次的危機。當時，由於出口目的地的美國正處於經濟繁榮之時，這些因應即時需求並面臨貨幣危機的國家，由於匯率下滑，因而能夠趁機恢復出口競爭力。總之，利用通貨危機的機會，與其將這些地區的產業構造做基礎建設或充實資本，反而更應該要將重點放在培育出口產業使經濟和社會結構產生變化。

各國淨出口占GDP比例上的變化

	90年～97年	99年～01年
韓國	▲ 1.1	15.6
印尼	▲ 0.2	4.2
馬來西亞	▲ 4.7	13.2
泰國	▲ 3.7	15.9

單位為百分比

（出處）參考 Asian Development Bank, Key Indicators for Asia
and the Pacific 2002 所製作的表格。

另一方面，日本的出口結構也從90年代起開始產生變化。過去，日本都是在日本國內進行產品製造並出口到國外的形式，但自90年代起，並不是將完成品而是將中間財或資本財的出口份額擴大了。

所謂**中間財**的出口，並非液晶電視這類產品（由於產品為製作工程的最後端，稱為**最終財**），而是製造的加工過程中需要使用的材料。例如，液晶電視的中間財有液晶面板，與最終財的液晶電視不一樣，中間財的液晶面板能夠被任何地方的製造商使用，為泛用性高的產品。

另外還有**資本財**，它指的也並非液晶電視這種最終財，可以想像它是為了製這這項物品的設備或機械裝置、機台設置。朝向工程之間的國際分工前進（例如，美國開發半導體，日本以資本財的方式製造半導體製造裝置，台灣或韓國製造零件，再把這些零件出口到中國，並在中國組裝，在各國分別進行製造工程的貿易型態）。

日本透過將重心放置於資本財，伴隨日圓升值，出口產品價格上升，成功的迴避掉客人的流失。原因是，企業所購置的資本財，與一般的產品不相同，比起價格更重視品質。若一開始就採用日本產品，就會發現沒有那麼容易能夠變更購買地點。

由於日圓上漲（在下一章解釋），使日本產品在價格面上十分不利，一般的產品在國際市場上，價格便宜的物品較具有流通能力，資本財則能夠迴避掉這個情況。購入資本財的這一方，即使價格上漲，但只要沒有能取代日本產品的替代品，就不會有便宜貨在市場上流通了。

6 日圓升值與日圓貶值

調查結果顯示，2010年以後飽受日圓升值打擊的日本，近半數的製造業將工廠或開發據點遷移至海外，擴大海外生產的比率。若多數的製造業都轉移至海外的話，國內的產業將會空洞化，還會對勞動僱傭造成極大的傷害。

日圓升值或日圓貶值指的是**兌換匯率**（匯率行情），與外國金錢的**交換比率**。尤其是1美元可以兌換多少日圓的資訊對我們的生活有很大的影響。首先，我們先由近身周邊的例子來說明日圓升值或日圓貶值的

情況各是代表什麼意思。

海外旅遊的情況

出國旅遊時，必須兌換外幣。讓我們來想想在這個時候，日圓升值或日圓貶值哪一種對旅遊者而言較有利呢？

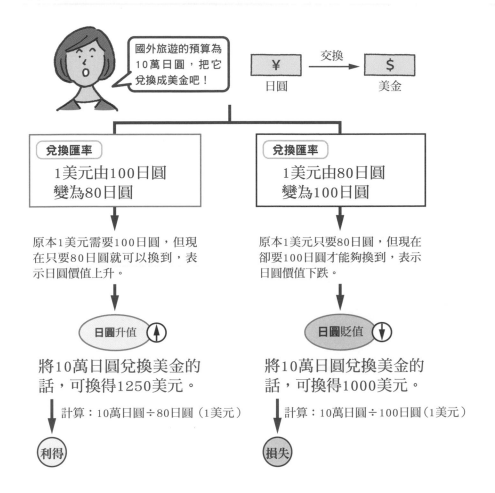

對於計畫海外旅遊的人來說，日圓升值是最理想的情況。若10萬日圓會因為日圓升值，可兌換的美金由1000美元變為1250美元，那麼就可以買更多東西，令人更開心吧。

另一方面來說，進行貿易的公司會受到什麼影響呢。我們以進口為中心的公司及出口為中心的公司來進行比較。

進口為主的公司

石油是以美金為計價單位，石油公司E使用美金從原油產國進口石油，並在國內銷售。

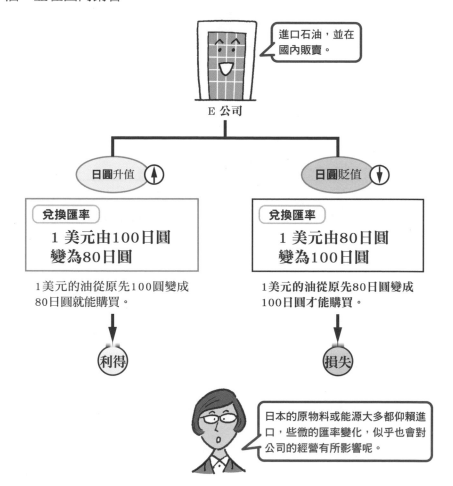

以出口為主的公司

遊戲公司N將遊戲銷售至國外。例如，遊戲機為100美元時，思考看看以日圓計算回收額大會是多少呢？

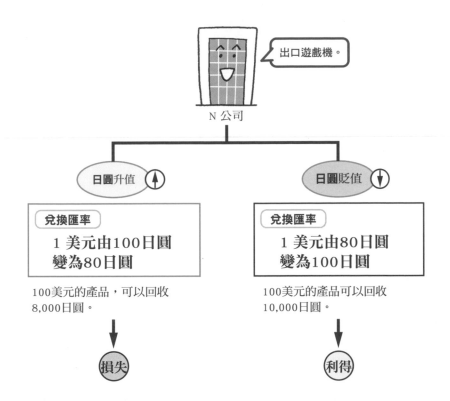

綜合上述我們發現，日圓升值時對海外旅遊或石油公司E公司來說是有利的，但對於出口為主的N公司卻是損失。

事實上，出口占日本的經濟較高的比重，對於景氣有重大影響的重要性（當然，日本以外的國家也會因為匯率受到很大的影響）。因此，日圓升值對海外旅遊者或個人而言是件好事，但以日本全體的經濟來看卻是件負面的事。因此避免極端日圓升值的政策是必要的。

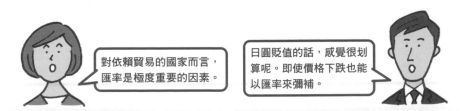

7 是什麼導致日圓升值呢？

日圓升值又貶值，有各式各樣的要素造成匯率不斷變動。在此我們將以需求均衡的理論進行說明。

與「物品」做比較

把目前為止所學做個複習，物品的價格應該會因為「想要」的需求增加而上升，需求減少而下降。利用物品的需求與價格的關係，來思考看看日圓升值及日圓貶值的理由。

財（物品）在市場上的供需均衡與價格結構

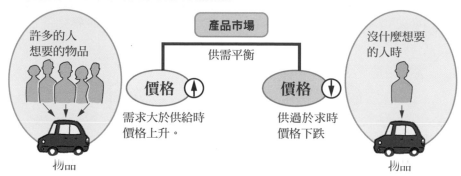

供需均衡與日圓升值或日圓貶值

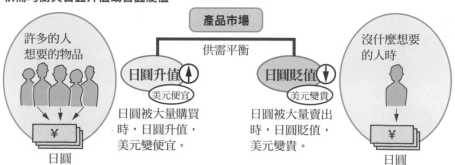

同樣地，若是「想要」日圓的需求變多時，日圓的價值上升造成日幣升值（美元變便宜）；而若日圓被大量出售，「想要」日圓的需求減少時，（也就是相較於日圓，美元的需求增加）就會造成日幣貶值（美元變貴）。

Unit 06

為什麼投資和儲蓄會相等？

產品市場分析（45度線分析）②
如何決定國民所得呢？

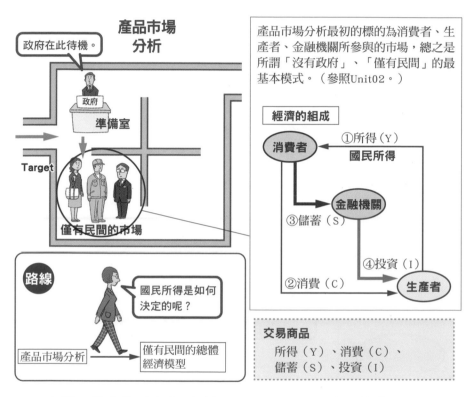

產品市場分析

政府在此待機。

政府

準備室

Target

僅有民間的市場

路線

國民所得是如何決定的呢？

產品市場分析 → 僅有民間的總體經濟模型

產品市場分析最初的標的為消費者、生產者、金融機關所參與的市場，總之是所謂「沒有政府」、「僅有民間」的最基本模式。（參照Unit02。）

經濟的組成

①所得（Y）
國民所得
消費者

②消費（C）

③儲蓄（S）

④投資（I）

金融機關

生產者

交易商品
所得（Y）、消費（C）、
儲蓄（S）、投資（I）

　　本單元將有效需求各別分解，並且觀看它們各自擁有什麼樣的特質，我們將說明有效需求之一，透過投資擴張的國民所得是如何被決定的。然而，建議假設只有民間，沒有政府為前提的總體經濟學模型來進行討論。

　　顯示經濟規模的國民所得（Y）為依循有效需求原理的總需求（支出），換言之，就是透過總需求 （Y^D）來表示。

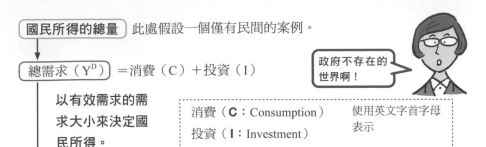

國民所得的總量　此處假設一個僅有民間的案例。

政府不存在的世界啊！

總需求（Y^D）＝消費（C）＋投資（I）

以有效需求的需求大小來決定國民所得。

消費（**C**：Consumption）
投資（**I**：Investment）
使用英文字首字母表示

國民所得（Y）＝消費（C）＋投資（I）

　　將消費與投資的數字分別代入這個公式中的話，就可以看到國民所得的總量。另外，若用別的方式來說，為了放大國民所得的數字，就必須放大消費（C）與投資（I）。

1 消費函數（C）

　　現在起，我們以總需求 （Y^D）相關的內容一一進行分析吧。首先，先來思考消費。

　　消費者會消費多少，應該會受到這個人有多少所得的影響。若所得愈多時消費也會跟著增加。所得愈少消費也會減少，但是即使所得為0，消費也不會是0。以這個特性為基礎來架構消費函數。

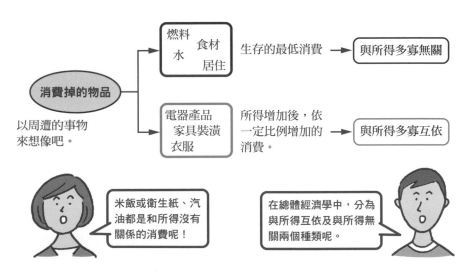

與所得多寡無關

生存的最低消費

→ 一定金額的消費，被稱為基本消費。 → **基本消費** C_0

基本消費以大寫的 C，加上右下的 0 來做記號表示。

基本消費是指生活中不可缺少的消費。

與所得多寡互相依存

→ 透過所得（Y）會使消費（C）增加多少？相對於這項所得的增加，將消費的比率透過邊際消費傾向來表示。 → **邊際消費傾向** c

邊際消費傾向以c（小寫）來表示

所謂基本消費，是指即使不景氣時這部分的消費也不會降低。

　　薪水增加的話，就可以購買比以前更多的物品了。也就是說，邊際消費傾向是0以上的數字（0＜c）。例如，增加1000日圓的所得當中，有800日圓用於消費的情況時，8成（80％）＝0.8為**邊際消費傾向**。但因為即使所得增加了1000日圓，消費也不可能超過1000日圓，所以邊際消費傾向為不超過10成（100％）＝1的數字。也就是說是1以下的數字，**0＜c＜1**為邊際消費傾向的範圍。

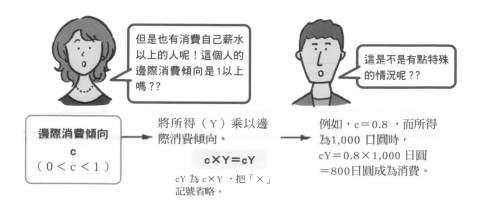

但是也有消費自己薪水以上的人呢！這個人的邊際消費傾向是1以上嗎？？

這是不是有點特殊的情況呢？？

邊際消費傾向 c （0＜c＜1）

→ 將所得（Y）乘以邊際消費傾向。

c×Y＝cY

cY 為 c×Y，把「×」記號省略。

→ 例如，c＝0.8，而所得為1,000 日圓時，cY＝0.8×1,000 日圓＝800日圓成為消費。

將二者合併成消費函數。

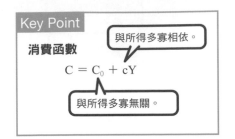

表示方式：
$$C（Y）＝C_0＋cY$$

如同上列公式，「C＝~」也可寫做「C（Y）＝~」。這是指C需要依附Y來決定（C是Y的函數）。

例如，基本消費50，邊際消費傾向為0.8的話，消費函數以

C = 50+0.8Y

來表示。所得為1000日圓的話，50+0.8×1000日圓=850日圓就是消費金額。以此類推，Y（所得）上升的話C（消費）也會持續增加。

2 儲蓄函數（S）

雖然不像消費或投資一樣是決定國民所得的有效需求要素，但必須與消費一起記住的就是儲蓄了。

提到了儲蓄會產生什麼樣的印象呢？在平常生活當中的單字「存款」、「儲金」與經濟學當中的儲蓄（取英文Saving的字首，使用S這個代號）的意思並不相同。

經濟學當中所提到的儲蓄，是指能使用的所得之中「**不消費的部分**」、「未使用於消費的部分」、「生產的產品之中，沒有被消費的部分」。如此說來，確實平常的存款或儲蓄金都是沒有被用於消費的部分，看起來十分雷同。但是最大的不同點在於經濟學當中的儲蓄是沒有利息的。與銀行利率（利息）完全無關。

這是為什麼呢？現在學習的是產品市場，是物品的市場。簡單來說，是學習「要買東西或不買東西」的領域，把「沒有買」放在儲蓄的位置（當然，總體經濟學也有討論附有利息的存款，但是屬於購買金融資產，並非產品市場。在Unit11當中，將以債券來說明金融市場）。

經濟學所說的儲蓄和存款及儲蓄金是不同的意思呢！

如果含糊帶過的話，以後可是會後悔的哦，還是把它熟記起來吧！

接下來，帶出儲蓄函數，從所得（Y）減去消費（C）來計算。

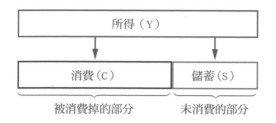

無論消費或儲蓄都和所得相關呢！

導出儲蓄函數（S）

$$S = Y - C \qquad = Y - (C_0 + cY) = Y - C_0 - cY = -C_0 + Y - cY$$

計算所得減去消費　　　　代入消費函數　　　移除括弧　　　加上 Y

$$= -C_0 + (1 - c) Y$$

這個式子當中的（1−c），顯示了1減去邊際消費傾向的數字是與所得相應的儲蓄增加比例。例如，當邊際消費傾向為0.8時，若所得增加1000日圓，0.8×1000日圓＝800日圓會使用於消費。此時，儲蓄函數的Y前面就會變成1−c＝1−0.8＝0.2，將0.2乘以所得，0.2×1000日圓＝200日圓，就是轉移到儲蓄的數字。

這個1−c被稱為**邊際儲蓄傾向**，以s（小寫s）來表示。另外還有c（邊際消費傾向）＋s（邊際儲蓄傾向）＝1的關係。

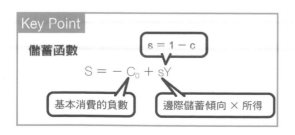

Key Point

儲蓄函數

$$s = 1 - c$$

$$S = -C_0 + sY$$

基本消費的負數　　　邊際儲蓄傾向 × 所得

結果，儲蓄也會因為所得增加而變多呢。

在這裡我們來思考看看關於儲蓄函數的 $-C_0$（基本消費的負數）。這個函數的意義為，無論所得（Y）是多少都會進行僅 $-C_0$ 的存款。

雖說表現的方式與你我認知不同，但是所謂負儲蓄就是指儲蓄沒有增加，將存款提取出來的意思。

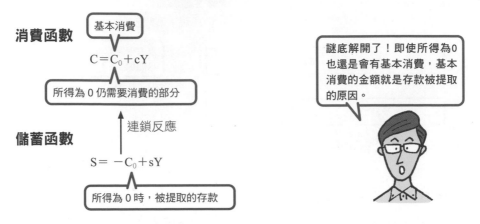

消費函數

基本消費

$$C = C_0 + cY$$

所得為 0 仍需要消費的部分

連鎖反應

儲蓄函數

$$S = -C_0 + sY$$

所得為 0 時，被提取的存款

謎底解開了！即使所得為 0 也還是會有基本消費，基本消費的金額就是存款被提取的原因。

3 投資函數（I）

接下來讓我們來思考關於投資。所謂消費（C）是指為了現在生活所食用掉、使用或消費掉的事物。相對之下，投資（I）則是即使花費相同金額，也是為了將來而購買（為了產生新事物的購買）。（在經濟學當中，也有消費為買入消費財，投資是購買投資財的說法。）

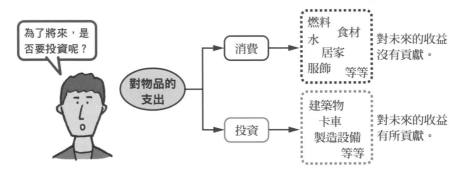

為了將來，是否要投資呢？

對物品的支出

消費

燃料 食材 水 居家 服飾 等等

對未來的收益沒有貢獻。

投資

建築物 卡車 製造設備 等等

對未來的收益有所貢獻。

投資，是為了能在將來帶來收益的購買行為，透過生產者來進行，但並不是用於身邊的物品。試著想像看看自己是經營咖啡店的生產者。如此一來，是否就浮現了二項資金使用的圖像呢。

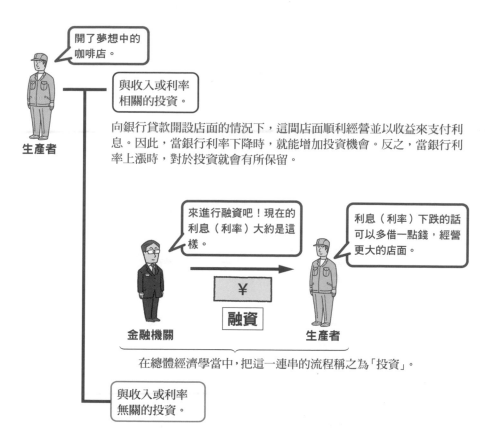

不用依附利率或所得，進行一定金額的投資稱為**獨立投資**。開設店面時，商品的研發及更新老舊無法使用的設備，這種投資和利率無關，而是受到生產者意向的決定。

由於在本單元中所分析的產品市場並不涉及利率，若說投資，指的是上述的獨立投資。

Key Point

投資函數（獨立投資）

$$I = I_0$$

由於獨立投資並不依附任何事物，因此在 I 符號下加 0 以 $I = I_0$ 來表示，或在 I 符號上方加上 −（讀做 BAR），也可以用 $I = \bar{I}$ 來表示。另外，考試時並不會列出公式，大多是以「固定投資」的句子出現。

關於投資與利率相關時的情況

在此我們將簡單說明當投資與利率相關時的情況下，生產者如何決定投資意向。（Unit14會再討論到。）

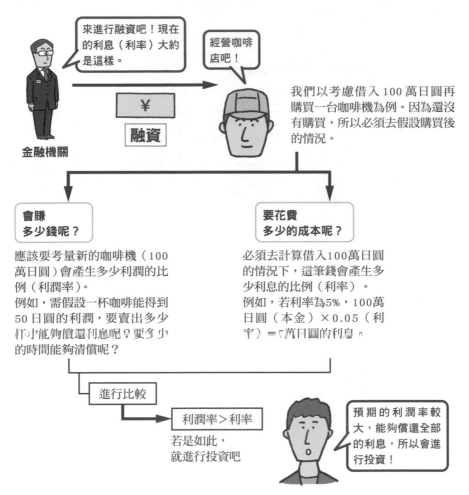

4 總需求（Y^D）與總供給（Y^S）

關於僅有消費者、生產者與金融機構參與的民間經濟，用總供給（Y^S）表示進行多少的生產，總需求（Y^D）表示進行多少的支出，我們將在此簡單地彙整。

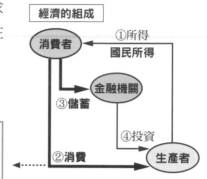

經濟的組成

①所得
國民所得
消費者
金融機關
③儲蓄
④投資
②消費
生產者

關於總供給（Y^S）

> **Key Point**
>
> **製造的產品**
>
> 總供給（Y^S）＝消費（C）＋儲蓄（S）

總供給（Y^S）為顯示生產總量的數據，是由消費與儲蓄加總的總量而得。應該會產生，「為什麼會發生儲蓄呢」的疑問吧。讓我們再次重新認識總體經濟學當中儲蓄的意義吧。儲蓄是指所得當中**沒有被消費掉的部分**。換句話說消費是消費掉的部分。將它們相加總後所得到的就是被稱為總供給的生產總量。

製造的產品
總生產額（總供給Y^S）

消費	儲蓄

被消費掉的部分　未被消費的部分

購買的物品
總支出額（總需求Y^D）

消費	投資

使用於消費的部分　未使用於消費的部分

關於需求（Y^D）

另外，由於總需求Y^D，指支出的總量，是由消費與投資二者加總所得。

> **Key Point**
>
> **購買的物品**
>
> 總需求（Y^D）＝消費（C）＋投資（I）

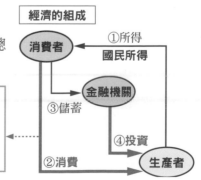

經濟的組成

①所得
國民所得
消費者
金融機關
③儲蓄
④投資
②消費
生產者

第2章 總體經濟學的理論

我們再來思考關於總供給（Yˢ）、總需求（Yᴰ）與國民所得（Y）之間的關係。若就結果論，表示總生產的總供給（Yˢ）＝國民所得（Y）的式子會成立。

然而，依據有效需求原理，這個結果由需求方掌握了決定國民所得的主導權，因此總供給 （Yˢ）僅調整至與需求水平相等，而生產至需求水準，總供給 （Yˢ）則與國民所得相等。

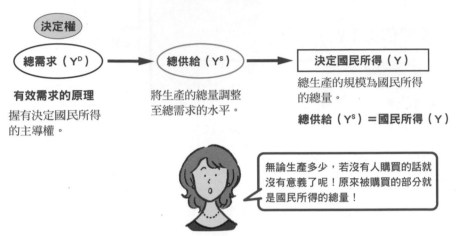

想必大家都在新聞報導等聽過GDP（國內生產毛額）這個詞。而關於GDP，已在Unit03當中說明過（在Unit17也會再度學習），它是指廣義的國民所得。

在此所發表的數值，並不限於在此水平，國民所得達到均衡（需求與供給一致）的情況。總之，發表的階段為調整階段，還在經濟仍有成長空間的狀況，因此最終多少的數值能達到均衡，正是經濟學必須去抓取的。我們使用下列式子來進行說明。

首先，國民所得均衡的條件必須跟隨有效需求原理，因此

國民所得（Y）＝總需求（Yᴰ）

以公式來表達供需 $Y^S = Y^D$ 均衡的狀態。

> 總供給（Yˢ）＝消費（C）＋儲蓄（S）
> 總需求（Yᴰ）＝消費（C）＋投資（I）

得到，總供給（Yˢ）＝總需求（Yᴰ）

由於消費（C）＋儲蓄（S）＝消費（C）＋投資（I），將兩邊的

消費（C）刪除後，得到儲蓄（S）＝投資（I）。

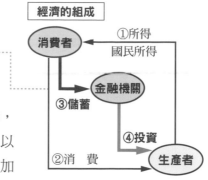

經濟的組成

①所得
國民所得

消費者

金融機關
③儲蓄

④投資

②消費

生產者

Key Point

均衡國民所得（$Y^S = Y^D$）之下
儲蓄(S)＝投資(I)
的式子成立。

在上列式子當中儲蓄與投資相等，但也許有些不易理解。讓我們稍微加以說明，首先所有消費掉的部分都會被加進國民所得當中，但是儲蓄的部分尚未加入，而是保留在金融機關當中。

這是因為如果沒有其他的行動，在這經濟體中就會殘留儲蓄這個部分的可購買資金，因此可以說經濟還存有這部分的向上潛力。

也就是說，由於進行與儲蓄剛好相等的投資，經濟不會再變得更大，因此均衡國民所得（國民所得均衡，是指需求與供給取得平衡的狀況）能夠成立。

經濟是在投資（I）＝儲蓄（S）平衡時決定國民所得，但投資為支付金錢購買物品的其中一種有效需求，因此成為促使國民所得增加的注入要因。

反過來說，儲蓄指這個部分未被消費掉，也就是沒有被使用掉的金錢，因此儲蓄增加是使國民所得減少的漏出要因。這個概念即是若投資＞儲蓄為國民所得的加項，若投資＜儲蓄，則國民所得減少。並且，當投資＝儲蓄時就不會再有變化，以此確定了國民所得。

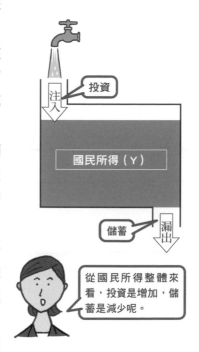

投資

注入

國民所得（Y）

儲蓄　漏出

從國民所得整體來看，投資是增加，儲蓄是減少呢。

5　投資乘數

　　擴大投資就能增加國民所得，但是會造成何種影響，必須去看看投資與國民所得之間的關係。在這裡，我們來使用目前為止出現過的公式。

　　我們先應用國民所得 Y 的消費函數來整理公式。

國民所得　$Y = C + I$

消費　　　$C = C_0 + cY$

投資　　　投資為固定額

將國民所得代入消費 C，並整理公式。

代入　$C = C_0 + cY$

$Y = C + I = C_0 + cY + I$。

$Y = C_0 + \underline{cY} + I$　　　將 cY 移項。

$Y - cY = C_0 + I$

$Y - cY = C_0 + I$　　　將 Y 彙整在左邊。

$(1-c)\ Y = C_0 + I$　　　接下來將兩邊除以 $(1-c)$。

$Y = \dfrac{C_0 + I}{1-c}$

替換為容易在經濟學當中使用的形態。

$Y = \dfrac{1}{1-c}\ (C_0 + I)$

「將 Y 彙整在一起」的訣竅就是把有 Y 的項目集中在等式左邊，再進行整理！

　　看了這個公式後，由於 C_0 是固定金額的關係不會有所變化，並能夠確認若增加投資 I，就會增加 $\dfrac{1}{1-c}$ 倍的國民所得 Y。

$$\textcircled{Y} = \frac{1}{1-c}\ (C_0 + \textcircled{I})$$

Y 增加　　　被乘　　　I 增加

將這些「增加的部分」、「變化的部分」用Δ（Delta）的符號來表現，可以將這個部分挑選出來，並改寫成下列的式子。

$\Delta Y = \dfrac{1}{1-c} \Delta I$ （省略掉 $\Delta Y = \dfrac{1}{1-c} \times \Delta I$ 的乘法記號「×」。）

例如I＝1億日圓， c＝0.8的情況：

$$\dfrac{1}{1-c} = \dfrac{1}{1-0.8} = \dfrac{1}{0.2} = 5$$

國民所得為5×1億日圓＝5億日圓。

這是有進行投資的情況下，它的效果會擴大5倍成為國民所得（Y）。而這個外溢效應稱為**乘數**。

第2章 總體經濟學的理論

Key Point

　　若有進行投資時，能使國民所得增加 $\dfrac{1}{1-c}$ 倍。而 $\dfrac{1}{1-c}$ 則被稱為投資乘數。

練習題

　　在某國的經濟當中，現在的國民所得在300兆日圓時，邊際消費傾向為0.8，當投資增加20兆日圓時國民所得水準會變為多少？

1. 316兆日圓　**2.** 320兆日圓　**3.** 400兆日圓　**4.** 416兆日圓

（地方上級　改題）

【解説】

　　國民所得的增加（ΔY）對應投資增加（ΔI），會產生 $\dfrac{1}{1-c}$ 倍投資乘數的外溢效應。因此，

$$\dfrac{1}{1-0.8} = 5 \quad 投資乘數的值為5。$$

國民所得的增加（ΔY）＝5×20兆日圓（ΔI）＝100兆日圓。

　　由於現在的國民所得水平為300兆日圓，300兆日圓＋100兆日圓（增加部分）＝400兆日圓。因此，**正確答案為3**。

若擴大投資，國民所得就會以投資乘數的倍數擴大！所以只要求出它的倍率就可以了呢！

是的！重點在於變成幾倍！

練習題

某國家的總體經濟表示如下。

Y＝C＋I

C＝0.8Y＋300

I＝1,200

（C：消費、Y：國民所得、I：投資）

在這個國家增加500的投資時，均衡國民所得為下列哪一項呢？沒有政府部門及與國外的交易。

1. 10,000　　**2.** 12,500　　**3.** 15,000　　**4.** 17,500

（地方上級　改題）

【解説】

①依照有效需求原理，由國民所得來決定需求的總量。

因此，當沒有政府部門及與海外交易的情況下，

Y（國民所得）＝C（消費）＋I（投資）。

在這個公式中代入題目所給的C與I的數值。

Y＝0.8Y＋300＋1,200　（將0.8Y移項）

Y－0.8Y＝1,500

0.2Y＝1,500

Y＝7,500（投資增加前的國民所得總量）

②當投資增加500時。

投資乘數為 $\dfrac{1}{1-0.8}$＝5，當增加500的投資時，就會增加500×5（投資乘數）＝2,500的國民所得。

③再用最初的國民所得加上增加的部分。

7,500＋2,500＝10,000

因此，正確答案為1。

Unit 07

預算的金額必須明確！

產品市場分析（45度線分析）③
政府支出會有多少的經濟效益呢？

產品市場分析

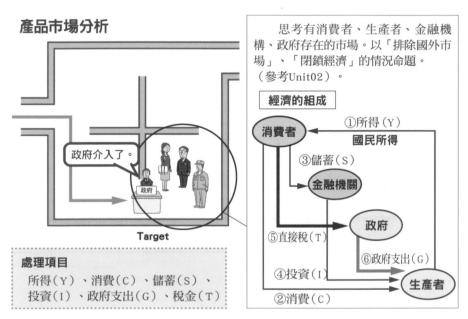

思考有消費者、生產者、金融機構、政府存在的市場。以「排除國外市場」、「閉鎖經濟」的情況命題。（參考Unit02）。

經濟的組成

政府介入了。

Target

處理項目
所得（Y）、消費（C）、儲蓄（S）、投資（I）、政府支出（G）、稅金（T）

①所得（Y）
消費者
國民所得
③儲蓄（S）
金融機關
政府
⑤直接稅（T）
⑥政府支出（G）
④投資（I）
②消費（C）
生產者

路線

包含政府後會發生什麼變化呢？

產品市場分析 → 只有民間的總體經濟模型 → 包含政府的總體經濟模型

　　從這個單元開始，由於政府參與的經濟模型當中，決定國民所得的公式中也包括了稅金（T）與政府支出（G）。所謂稅金有消費者所支付的直接稅（例如所得稅）與生產者所支付的間接稅（例如消費稅），但在此處我們將提出消費者所支付的直接稅，並將它視為稅金（T）。

消費者獲取所得時首先要支付稅金（T），其餘的部分再分配給消費（C）或儲蓄（S）。

Key Point

所得當中，消費者可使用的部分稱為**可支配所得**（家庭可支配所得），可支配所得＝（Y－T），以所得扣除稅金的公式表示。

由於政府參與市場，而被徵收了稅金，消費者的消費函數必須用可支配所得來思考，因此可以改寫成下列的公式。

沒有政府部門的消費函數　　$C = C_0 + c\underline{Y}$ 　　將所得替換為可支配所得

有政府部門參與的消費函數　　$C = C_0 + c\underline{(Y-T)}$

當有政府部門存在時，基本消費的 C_0 不變，但是邊際消費傾向（c）就不是所得，而是必須乘以可支配所得。

此外，由於政府介入後，增加了總供給（Y^S）的稅金及總需求（Y^D）的政府支出，因此總供給（Y^S）及總需求（Y^D）也變為下列的形式。

感覺是像這樣

消費者

首先，要支付稅金

可支配所得

分為消費與儲蓄

總供給（Y^S）及總需求（Y^D）

$\begin{cases} 總供給（Y^S）＝消費（C）＋儲蓄（S）＋稅金（T） \\ 總需求（Y^D）＝消費（C）＋投資（I）＋政府支出（G） \end{cases}$

※ 總供給是稅金支付掉的部分、消費掉的部分與未被消費的部分之合計，與總生產量的數量相等。

總需求（Y^D） ＝消費（C）＋投資（I）＋政府支出（G）

使用有效需求的需求總量決定國民所得。

稅金（**T**：Tax）
政府支出（**G**：Government）

使用英文單字字首做為記號。

國民所得（Y）＝消費（C）＋投資（I）＋政府支出（G）

為增加國民所得（Y），也必須增加消費（C）、投資（I）、政府支出（G）。

終於回到Unit01論點了。投資或政府支出會使國民所得增加的公式上場了！

1 政府支出（G）

政府支出，也就是公共投資。是一種視政府行使酌權並左右其規模的獨立投資，年度預算金額由國會決議，因此是一筆固定金額。

以性質而言，可以用與獨立投資相同的方式思考。

Key Point

政府支出

$$G = G_0$$

政府支出，沒有依附任何事情決定，與獨立投資的公式相同，G符號下方加上0（零）以 $G = G_0$ 的方式表現，也可以用G符號上方加上一個－（讀做Bar），$G = \bar{G}$ 的方式來表現。考試的時候不會列出這樣的公式，大多只會出現「政府支出固定金額」的句子。

透過投資的擴大，在這裡可以透過政府支出計算出外溢效應。

國民所得 $\quad Y = C + I + G$

消費 $\quad C = C_0 + c\,(Y - T)$

投資 $\quad$ 投資為固定金額

政府支出 $\quad$ 政府支出為固定金願

（Y：國民所得、C：消費、C_0：基本消費、c：邊際消費傾向、T：稅金為固定金額。）

將消費C代入國民所得Y，並整理公式。

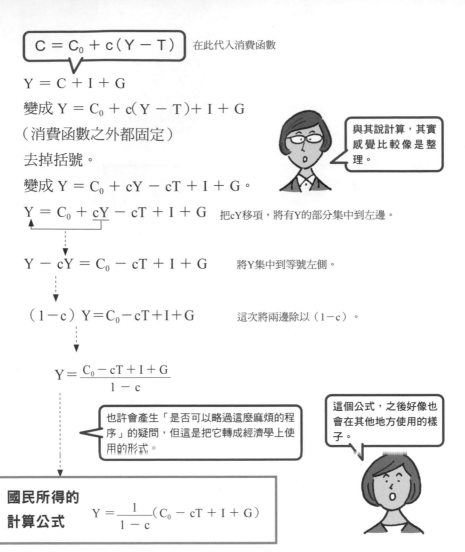

$$C = C_0 + c(Y - T)$$ 在此代入消費函數

$$Y = C + I + G$$

變成 $Y = C_0 + c(Y - T) + I + G$

（消費函數之外都固定）

去掉括號。

變成 $Y = C_0 + cY - cT + I + G$。

$$Y = C_0 + \underline{cY} - cT + I + G$$ 把cY移項，將有Y的部分集中到左邊。

與其說計算，其實感覺比較像是整理。

$$Y - cY = C_0 - cT + I + G$$ 將Y集中到等號左側。

$$(1-c)\ Y = C_0 - cT + I + G$$ 這次將兩邊除以（1−c）。

$$Y = \frac{C_0 - cT + I + G}{1 - c}$$

也許會產生「是否可以略過這麼麻煩的程序」的疑問，但這是把它轉成經濟學上使用的形式。

這個公式，之後好像也會在其他地方使用的樣子。

國民所得的計算公式　　$Y = \dfrac{1}{1 - c}(C_0 - cT + I + G)$

從這個公式當中可以得知，當政府支出（G）增加時，就會增加 $\dfrac{1}{1-c}$ 倍的國民所得 Y，只看下列必要的部分就能夠了解。

$$\boxed{Y} = \frac{1}{1 - c}\ (C_0 - cT + I + \boxed{G})$$

增加 Y　　相乘　　　　增加 G

另外也使用 Δ（Delta）符號，只著眼於上述增加部分，也可以替換成下列方式。（ΔG 為 G 增加的部分，ΔY 為 Y 增加的部分）。

Key Point

$$\Delta Y = \frac{1}{1-c} \Delta G$$

結果，和投資增加時的做法方式一樣呢。

例如，G為2兆日圓，c＝0.8的情況下，

$$\frac{1}{1-c} = \frac{1}{1-0.8} = \frac{1}{0.2} = 5$$

國民所得為 5×2 = 10兆日圓。

意思是若實施政府支出時，會有5倍的擴大效果，增加了10兆日圓的國民所得（Y）。

Key Point

若實施政府支出，會增加其總量 $\frac{1}{1-c}$ 倍的國民所得。而 $\frac{1}{1-c}$ 稱為**政府支出乘數**或**財政乘數**。

練習題

總體經濟學模型列式如下。

Y＝C＋I＋G

C＝0.8Y＋200

I＝120

G＝80

（Y：國民所得、C：消費、I：獨立投資、G：政府支出）

此時，政府支出增加40的話，國民所得會增加多少呢？

1. 40　**2.** 120　**3.** 160　**4.** 200

（地方上級　改題）

【解説】

解法1

首先，在 Y＝C＋I＋G 的式子中代入消費、投資、政府支出各項數值。

$$Y = 0.8Y + 200 + 120 + 80$$

接下來，把 Y 項的 0.8Y 移至左側。

$$Y - 0.8Y = 200 + 120 + 80$$

把 Y 整理一下，

（1 － 0.8）Y＝400，把兩邊除以（1 － 0.8）計算出乘數。

$$Y = \frac{1}{1 - 0.8} \times 400 = 2,000$$

透過 $\frac{1}{1 - 0.8} = 5$，顯示出政府支出有5倍的外溢效應。

另外，由於政府支出由80增加40後，變成120元，透過 Y＝0.8Y ＋ 200 ＋ 120 ＋ 120，

$$Y = \frac{1}{1 - 0.8} \times 440 = 2,200$$

因此2,200（增加後）－ 2,000（增加前），得出國民所得增加200。

解法 2

由於題意是只要算出國民所得增加的部分即可，因此我們只要取出乘數，應用於政府支出所增加的部分即可計算出解答。

$$\Delta Y = \frac{1}{1 - 0.8} \times \Delta G$$

政府支出的部分增加40

國民所得的部分增加200。

綜上所述，**正確答案為4**。

若看消費函數，邊際消費傾向c為0.8。因為僅此一項就能做出政府支出乘數，事實上就能夠一口氣算出解答。

在這裡使用稱為教科書式計算的方法稍微有點難，我們來以文字說明政府支出40，邊際消費傾向為0.8的內容。首先，政府為了執行刺激景氣的政策進行40的公共投資。於是，這40的支出部分直接的提高需求使景氣提升。但是，這40的公共投資對需求的創造效果並不僅止於此。40的公共投資部分的金額成為與這些公共投資相關的人們的所得。於是人們會因為所得增加，消費量比之前更多。消費掉的部分為0.8，也就是80％的意思。

總之，由於所得增加的80％消耗於消費，它們會再成為其他人的所得。並且，若所得再增加的話，又會消費掉其中的80％。不斷重覆好幾次，公共投資最初為40的規模，產生了200的需求，遠遠超過它了的規模，並且成為國民所得的總量。

2　稅金（T）

包括政府部門的經濟中，與政府支出（G）兩兩成對的就是稅金（T）。稅金分為與所得多寡無關的定額稅（從量課稅）及與所得相依的比例稅（考試時會以所得稅來命題），本章節僅舉例前者的定額稅（從量課稅）。

Key Point

稅金（定額稅、從量課稅）

$$T = T_0$$

這裡也是固定數字呀，似乎很容易計算！

定額稅（從量課稅）以 $T = T_0$，$T = \bar{T}$ 來表示，許多時候文章中僅以「稅金為固定（額）」的句子來表示。

在此再度使用以政府支出乘數整理出來的計算公式，讓我們來看看稅金（T）與國民所得（Y）之間的關係。

如同剛才一般，導出國民所得的計算公式。

$Y = C + I + G \qquad \cdots ①$

$C = C_0 + c（Y - T）（消費函數）\quad \cdots ②$

I 為固定（獨立投資）$\quad \cdots ③$

G 為固定（政府支出）$\cdots ④$

T 為固定（租稅）$\qquad \cdots ⑤$

因為是復習的關係，就當做是再度確認，再看一下吧。

首先將①應用於②～⑤當中，去掉括弧。

$\quad Y = C_0 + c（Y - T）+ I + G \qquad \cdots ⑥ \quad ←（代入）$

$\quad Y = C_0 + cY - cT + I + G \qquad \cdots ⑦ \quad ←（去掉括弧）$

將⑦整理如下。

$\quad Y - cY = C_0 - cT + I + G \qquad ←（將有Y的項目移項至左側）$

$\quad Y（1 - c）= C_0 - cT + I + G \quad ←（將Y集中到左側）$

復習

國民所得的計算公式 $\quad Y = \dfrac{1}{1-c}（C_0 - cT + I + G）$

←兩邊除以（1−c），左側僅留下 Y

目前為止是復習的部分。

接下來，由國民所得的計算公式來思考稅金與國民所得間的關係。只需要注意算式中的 T（稅金），T（稅金）增加（ΔT）後，與 Y（國民所得）會放大幾倍的關係，並對算式進行整理。

只需要注意這裡！

$Y = \dfrac{1}{1-c}（C_0 - cT + I + G）$

Y 的變化

乘以

$-cT$

$-c \times T$

只需要取有變化的部分。

$\Delta Y = \dfrac{1}{1-c} \times -c \times \Delta T$

乘以 $\dfrac{1}{1-c}$ 後，影響到國民所得。

乘以

●取出計算公式中的 −cT，進行分解。

首先，由於稅金（T）增加，邊際消費傾向（c）將乘以 T。

$$\Delta Y = \frac{1}{1-c} \times (-c) \times \Delta T$$

$$\Delta Y = \frac{-c}{1-c} \Delta T \quad \text{---●由於是乘法計算，也可以改寫成這樣的型態。}$$

將 $-c$ 的部分去除，與 $\frac{1}{1-c}$ 合併。透過這個方式可以單純只看稅金的增加部分（ΔT）。

$$\Delta Y = - \frac{c}{1-c} \Delta T \quad \text{---●將負號移至最前面。}$$

經由這個公式，稅金（T）與國民所得（Y）會呈現如下的關係。

Key Point

實施增稅後，國民所得減少了相當於增稅總量的 $-\frac{c}{1-c}$ 倍。而這個 $-\frac{c}{1-c}$ 則被稱為**稅收乘數（從量課稅乘數）**。

讓我們把注意力放在租稅乘數的 -（負數符號）上吧。它意味著當增稅時（ΔT）就會造成所得的負數（減少）效果。

由於稅收乘數表示增稅的意思，將負數符號替換為正數符號時，就可以表現出透過**減稅所達到的國民所得效果**。

當減稅時，稅金的變化為負數。

$$\Delta Y = - \frac{c}{1-c} \times -\Delta T$$

負數乘以負數就變為正數。

$$\Delta Y = \frac{c}{1-c} \Delta T$$

即使政府沒有出錢執行政府支出，但光是減稅就能夠提振景氣了呢!

Key Point

當實行減稅時，能夠增加相當於減稅總量 $\frac{c}{1-c}$ 倍的國民所得。

◆執行增稅時

①進行增稅  ②國民所得**減少**

◆施行減稅時

①進行減稅  ②國民所得**增加**

感覺增加稅收比乘數造成的損害更大！

練習題

總體經濟學模型列示如下。

Y＝C+I+G

C＝0.8Y+100

I＝120

G＝80

（Y：國民所得、C：消費、I：獨立投資、G：政府支出）

此時，當政府實施減稅40的政策時，國民所得會增加多少呢?

1. 40　　**2.** 120　　**3.** 160　　**4.** 200

【解説】

檢視消費函數，由於邊際消費傾向為0.8，只需取出乘數來確認減稅的效果。

當減稅時，國民所得會變為 $\dfrac{c}{1-c}$ 倍，我們將分母與分子兩邊都代入C=0.8。

得到了 $\dfrac{0.8}{1-0.8}=4$，因此透過減稅會產生4倍的國民所得。

$$\Delta Y=\frac{0.8}{1-0.8}\times \Delta T$$

減稅部分為40

國民所得增加的部分為160

綜合上述，**正確答案為3**。

提高消費稅對個人的影響

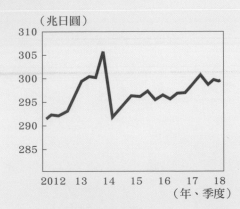

（兆日圓）

消費稅提高後，個人消費立刻猶如瀑布般的大幅跌落！

觀察個人消費（在統計上為 Unit17 所討論的「民間最終消費支出」）動向，2014 年 4 月消費稅調漲後大幅減少。之後，伴隨著所得增加，個人消費才逐漸恢復到調漲前的水準。這些消費增加所帶來的可支配所得上升的背景是股市的活絡或僱傭環境的改善。

3 政府支出與減稅

政府介入，實施令景氣成長的政策有①政府支出，②減稅二種方式。簡單來說就是決定預算後進行公共投資或是降低稅金等等。

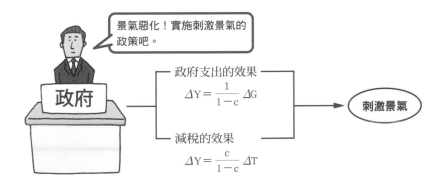

景氣惡化！實施刺激景氣的政策吧。

政府

政府支出的效果

$$\Delta Y = \frac{1}{1-c} \Delta G$$

減稅的效果

$$\Delta Y = \frac{c}{1-c} \Delta T$$

刺激景氣

假如政府支出與減稅為相同金額時（設定新增加的政府支出為 ΔG，新導入的減稅為 ΔT，$\Delta G = \Delta T$ 金額相同），讓我們從乘數著眼，確認哪一種方式會比較有效。

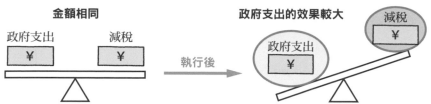

金額相同　　　　　　　　　　政府支出的效果較大

政府支出　　減稅　　　　執行後　　　政府支出　　　減稅
¥　　　　　¥　　　　　　　　　　¥　　　　　¥

比較兩者的乘數，由於分母相同所以用分子的大小來進行比較。此時，邊際消費傾向（c）必定會小於 1，因此，比起分子有 c 的減稅，分子有 1 的政府支出乘數效果會比較大。

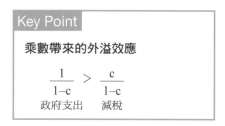

Key Point

乘數帶來的外溢效應

$$\frac{1}{1-c} > \frac{c}{1-c}$$

政府支出　　減稅

以具體數字進行驗證，當邊際消費傾向為 0.8 時，

透過政府支出的乘數效果 $\dfrac{1}{1-c} = \dfrac{1}{1-0.8} = 5$ 倍，

透過減稅的乘數效果 $\dfrac{c}{1-c} = \dfrac{0.8}{1-0.8} = 4$ 倍。

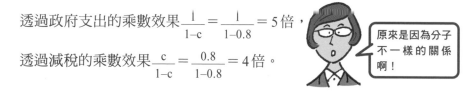

原來是因為分子不一樣的關係啊！

那麼，接下來我們將說明為什麼政府支出的效果會比較大。

相較於減稅對消費刺激屬於**間接性的**影響有效需求，政府支出屬於能夠**直接提高**有效需求的水準的關係。

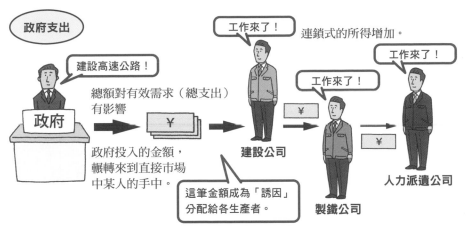

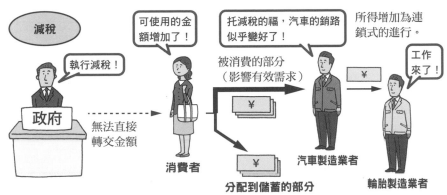

　　透過減稅，消費者的可支配所得增加了。若可支配所得增加的部分全部用於消費，減稅的效果會與政府支出有相同的結果。但是，從消費函數的性質可以看出，由於可支配所得上升，使儲蓄也上升了，因為減少了儲蓄部分的消費，也就是說因為**儲蓄的部分對有效需求有漏出影響**，相較於政府支出效果較為薄弱。

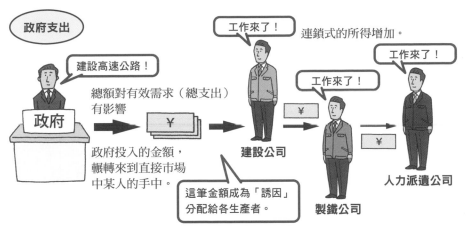

4 平衡預算乘數

透過政府介入，增加政府支出使國民所得增加；若增加稅收則會使國民所得減少。若是這樣政府應該只要實施政府支出就好了吧？但是這些都需要財源，因此必須向大眾徵收稅金。

使歲入（政府的收入）與歲出（政府的支出）金額相等，透過提高稅收以供給所有政府支出被稱為**平衡預算**。平衡預算會與政府支出效果互相**抵銷**為零，或是帶來幾倍的效果呢？我們使用乘數來計算。

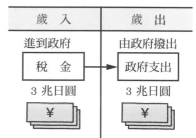

歲　入	歲　出
進到政府	由政府撥出
稅　金	政府支出
3 兆日圓	3 兆日圓

只要增加減少那部分的金額就有能令人期待的效果嗎？

我們來計算假設增加3兆日圓的稅收與同時執行3兆日圓的政府支出情況。

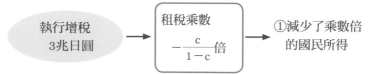

執行增稅
3兆日圓
→
租稅乘數
$-\dfrac{c}{1-c}$倍
→
①減少了乘數倍的國民所得

執行增稅
3兆日圓
→
政府支出乘數
$\dfrac{1}{1-c}$倍
→
②增加了乘數倍
的國民所得

設3兆日圓為A，用①+②計算。

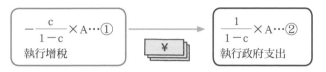

$-\dfrac{c}{1-c}\times A\cdots①$
執行增稅

$\dfrac{1}{1-c}\times A\cdots②$
執行政府支出

由於是同時進行的關係，將它們相加。

$$-\dfrac{c}{1-c}\times A+\dfrac{1}{1-c}\times A \qquad ←列出①+②的公式$$

$$=\left(\dfrac{-c}{1-c}+\dfrac{1}{1-c}\right)\times A \qquad ←將A整理之後$$

$$=\dfrac{1-c}{1-c}\times A \qquad ←分母為1-c的關係將它歸納彙整$$

$$=1\times A \qquad ←A＝3兆日圓的關係，將它代入$$

$$=1\times3兆日圓＝3兆日圓$$

變為1了。

　　如上列公式，當增稅與政府支出同時進行時，它並不會產生全部抵銷的狀況。只會帶來政府支出1倍的國民所得，成為有效的政策。

　　這個「1」，被稱為**平衡預算乘數**。

Key Point

　　當要以增稅來供給政府支出全額的平衡預算政策時，國民所得僅增加政府支出金額（1倍）。

---

5 所得連鎖及乘數

實施投資後，付出的投資金額將流向建設公司等投資財的生產者，成為該生產者的所得，因此會增加同等金額的國民所得。接下來，由於所得增加的關係，消費也會增加，再度成為生產者的所得並使該生產者的所得增加。並且當所得增加後，又會誘使消費增加再產生所得增加的連鎖效應。

在此是以僅有民間部門為前提，去思考這種連鎖的基本組成及這樣的連鎖效應會到哪裡？如何維持下去？

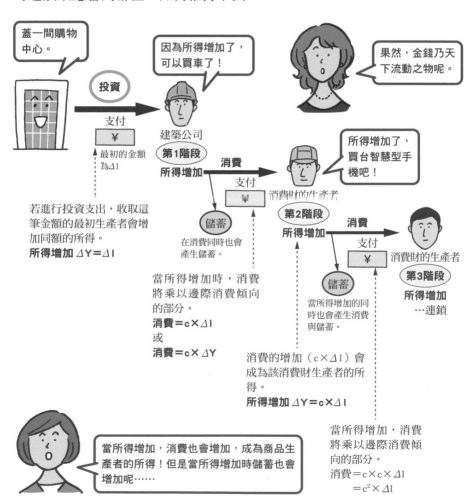

那麼，讓我們來計算看看，究竟所得的總計金額是多少呢？

首先第一階段是將投資支出的金額（ΔI）直接使收受訂單的生產者增加了投資支出（ΔI）金額總量的所得。

接下來，增加的消費是在第一階段上升的所得（與ΔI相等）乘以邊際消費傾向（c）後的數字，而這筆被消費的金額成為消費財生產者的所得（$c \times \Delta I$），這成為第二階段上升的所得。

然後，由於透過將第二階段的所得（$c \times \Delta I$）乘以邊際消費傾向（c）所獲得的消費金額將增加（$c \times c \times \Delta I = c^2 \times \Delta I$），因此第三階段的消費財生產者的所得將增加。

像這樣因為透過所得增加使消費增加，只要進行消費就會使消費財的生產者提高所得的連鎖運動，會無限循環地外溢下去。

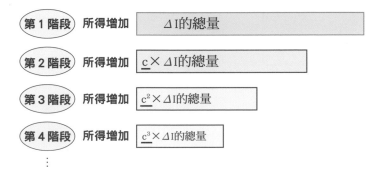

第 1 階段	所得增加	ΔI的總量
第 2 階段	所得增加	$\underline{c} \times \Delta I$的總量
第 3 階段	所得增加	$\underline{c^2} \times \Delta I$的總量
第 4 階段	所得增加	$\underline{c^3} \times \Delta I$的總量

因投資支出所增加的國民所得（ΔY）變成下列的狀態。

$$\Delta Y的總額 = \underset{\Delta I}{\underset{增加的部分}{第1階段國民所得}} + \underset{c\Delta I}{\underset{增加的部分}{第2階段國民所得}} + \underset{c^2\Delta I}{\underset{增加的部分}{第3階段國民所得}}$$

$$+ \underset{c^3\Delta I}{\underset{增加的部分}{第4階段國民所得}} + \cdots\cdots$$

在這裡國民所得的總量是乘以邊際消費傾向（c）後計算所得的數字的擴展，以它的總量來加總。在計算上是以有一定的公比數字進行加總，呈現無窮等比級數的形式。而關於理論方面的說明如下。

產品市場為投資＝儲蓄的供需平衡狀態，因此當擴大投資時，就會變為投資＞儲蓄，需求方被放大了。接下來，透過創造需求來擴大所

得，在消費增加時儲蓄也會同時增加。因此我們可以認為儲蓄在達到與投資相同之前會持續著外溢效應。

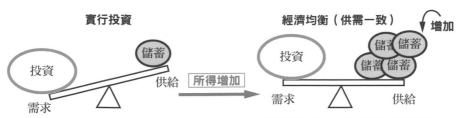

達到投資＝儲蓄之前，外溢效應會持續下去。

最後，可以從無窮等比級數的公式來計算因投資所造成的國民所得增加數額。計算的思考方法請參照 Unit04 應用公式。首項為 ΔI，公比為邊際消費傾向的 c，並將它們各自代入公式。

無窮等比級數和的公式

$$\frac{首項}{1-公比}$$

由 $\Delta Y = \dfrac{\Delta I}{1-c}$ ，

變成 $\Delta Y = \dfrac{1}{1-c} \Delta I$ 。

TOPIC

　　在 1950 年代後半日本經濟高度成長的榮景（岩戶景氣），有一句「投資呼喚投資」的名言象徵了當時的成長景象。

　　當進行投資時，不僅能提升一定金額的經濟成長，連同送交機器到工廠的機械製造商、開始生產後原物料及零件的製造商、支付受僱員工的薪資等以及可預期也會對周邊的餐飲業、超市等相關企業進行投資。因此，我們能夠期待投資為經濟帶來諸如此類的外溢效應。

練習題

　　國民所得在消費、投資、政府支出所組成的經濟當中，當政府同時進行2兆日圓的增稅及2兆日圓的政府支出時，對於國民所得的增加額哪一項是正確的呢？邊際消費傾向設定為0.8。

1. 3兆日圓　　**2.** 5兆日圓　　**3.** 7兆日圓　　**4.** 9兆日圓

（地方上級）

【解說】

①增稅對需求的排擠效應

$$-\frac{c}{1-c} = -\frac{0.8}{1-0.8} = -\frac{0.8}{0.2} = -4$$

（租稅乘數）

租稅乘數為–4，由於增稅的關係，使國民所得受到4倍的外溢效應而**減少了**。

$$\underset{(\Delta T)}{2兆日圓} \times \underset{(租稅乘數)}{-4} = \underset{(\Delta T)}{-8兆日圓}（減少的國民所得）$$

②政府支出對需求的擴張效應

$$\frac{1}{1-c} = \frac{1}{1-0.8} = \frac{1}{0.2} = 5$$

（政府支出乘數）

財政乘數為5，政府支出帶來了5倍的外溢效應使國民所得**增加**。

$$\underset{(\Delta G)}{3兆日圓} \times \underset{(政府支出乘數)}{5} = \underset{(\Delta Y)}{15兆日圓}（增加的國民所得）$$

③同時實施增稅及政府支出時

15兆日圓　−　8兆日圓　=　7兆日圓

由於政府支　　因為增稅而
出所增加的　　減少的國民
國民所得　　　所得

因此，**正確答案為3**。

覺得要計算好多項目，但是只要記住乘數的計算就能在短時間計算出來了呢！

　　執行政府支出，政府支出的增加金額與增稅的金額相同時，關於以平衡預算乘數為基礎所計算的國民所得變化，哪一項的敘述是正確的？以不包括國外的經濟為前提。

1. 由於平衡預算乘數為 $\frac{1}{1-c}$ ，國民所得僅會增加 $\frac{1}{1-c}$ 倍的政府支出增加金額。

2. 由於平衡預算乘數為 1 ，國民所得僅會增加與政府支出增加金額相等的數值。

3. 透過政府支出的增加，國民所得的增加會因為增稅使國民所得減少而互相抵銷，因此而沒有改變。

4. 政府支出的乘數效應，會比增稅帶來的乘數效應還要大的關係，國民所得增加的部分是政府支出的 $\frac{1}{1-c}$ 倍減去增稅額的差額。

（地方上級）

【解説】

1. × 　平衡預算乘數並不會為 $\frac{1}{1-c}$ 倍。

2. ○ 　國民所得的增加與政府支出同額。

3. × 　即使實施同額的增稅與政府支出，也並不會使其效應相抵銷而使國民所得沒有變化。國民所得僅會增加平衡預算乘數的倍數。

4. × 　並非直接減少增稅額，增稅額也必須乘以租稅乘數計算。
綜上所述，**正確答案為 2**。

乘數為 1 、變為 1 倍是不一樣的說法呢!

Unit 08

鉅額儲蓄是日本成為貿易大國的原因之一

產品市場分析（45度線分析）④
為什麼日本以觀光立國為目標呢？

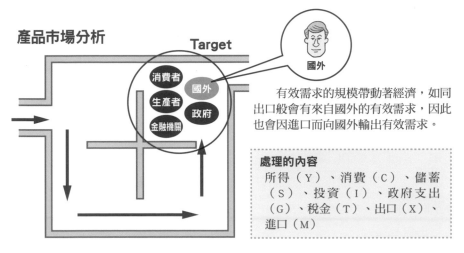

產品市場分析

Target

消費者　生產者　金融機關　國外　政府

國外

有效需求的規模帶動著經濟，如同出口般會有來自國外的有效需求，因此也會因進口而向國外輸出有效需求。

處理的內容
所得（Y）、消費（C）、儲蓄（S）、投資（I）、政府支出（G）、稅金（T）、出口（X）、進口（M）

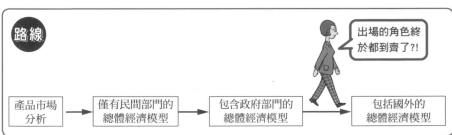

路線

出場的角色終於都到齊了?!

產品市場分析　→　僅有民間部門的總體經濟模型　→　包含政府部門的總體經濟模型　→　包括國外的總體經濟模型

　　我們來觀察包含總體經濟學當中最後的參與者「國外」的經濟模型。國外當然也有消費者或生產者，也有政府及金融機關。但我們並不是要一一列舉這些項目，而是全部彙整為「國外」。

　　分析這樣的產品市場時，會以與國外的物品交易為重心，因此增加了出口（X）與進口（M）的項目。

國民所得（Y）＝消費（C）＋投資（I）＋政府支出（G）＋出口（X）–進口（M）

（出口為 Export，輸入為 Import，由於字首已使用於他處，因此以第二個字母為代號。）

被納入國民所得中的出口（X）— 進口（M）稱為**貿易收支**。所謂收支是指收入與支出，出口是來自國外的貿易收入，進口則是國外貿易的支出。日本之所以被稱為貿易強國，是由於它有支撐著經濟成長的脈絡，新聞和報紙幾乎時常報導著當前的貿易收支，應該很少人是完全沒聽過的。

在本單元中，我們先把最初的進口及出口應用至經濟理論，並把它列成算式進行計算。

1 出口（X）與進口（M）

出口與獨立投資或政府支出相同，與國民所得（Y）無關，而是顯示出一個固定大小的數值。

> Key Point
>
> **出口**
>
> $X - X_0$

又是固定的數字。

透過這個固定數值的呈現，可以顯示為 $X = X_0$ 或 $X = \bar{X}$。大部分的情況下文章只會給予「出口為固定」的句子。

另一方面，我們可以思考一個國家有多少進口量是取決於所得（Y）的多少。像日本這樣「從搖籃到墳墓」，所有的產品都從國家自給自足的情況是十分罕見的。一般來說，當所得提升時國內所需要的產品數量也會增加，因此也預設進口產品呈等量增加。於是，就能夠把進口分類歸納如下。

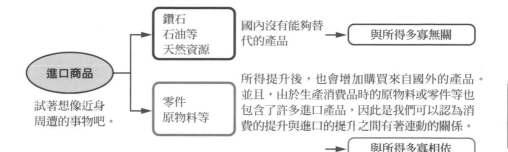

與所得多寡無關

進口商品

試著想像近身
周遭的事物吧。

鑽石
石油等
天然資源 → 國內沒有能夠替代的產品 → 與所得多寡無關

零件
原物料等 → 所得提升後，也會增加購買來自國外的產品。並且，由於生產消費品時的原物料或零件等也包含了許多進口產品，因此是我們可以認為消費的提升與進口的提升之間有著連動的關係。

→ 與所得多寡相依

在日本無法採集挖掘的天然資源，也只能仰賴進口不可了呀。

因為日本的產品有很多是使用進口的原物料，咖啡、吐司、汽車到電子產品！當消費增加時進口也會跟著增加呢。

與所得多寡無關的進口

日本無法產出的資源、無法自行製造的物品皆與所得無關，無論如何都必須仰賴進口。 → 固定的金額，稱為基本進口。 →

基本進口

M_0

基本進口的符號是大寫字母M的右下角有個0。

與所得多寡相依的進口

└ 根據所得（Y），進口（M）會增加多少呢？把相當於所得增加額的進口比例以邊際進口傾向來表示。 →

邊際進口傾向

m

邊際進口傾向的符號使用m（小寫字母）來表示。

　　邊際進口傾向與邊際消費傾向是相同的思考方式。總而言之，隨著所得提升進口也會跟著增加，因此邊際進口傾向會變為0以上的數字（$0<m$）。但不是說增加1,000日圓的收入，就會增加1,000日圓以上的

進口額，邊際進口傾向的數字並不會超過所得的10成（100%）＝1。

也就是說由於比例在1以下，0<m<1為邊際進口傾向的範圍。

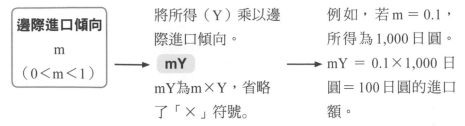

將所得（Y）乘以邊際進口傾向。

mY

mY為m×Y，省略了「×」符號。

例如，若 m = 0.1，所得為1,000日圓。

mY = 0.1×1,000 日圓＝100日圓的進口額。

將二者合併做成進口函數。

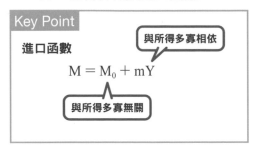

Key Point

進口函數

與所得多寡相依

$$M = M_0 + mY$$

與所得多寡無關

例如，基本進口為200，邊際進口傾向為0.1，

M = 200+0.1Y 來呈現。

若所得 Y 為 1,000 日圓，200+0.1×1,000 = 300 日圓為進口金額。

在考試時，考試中有許多題目的基本進口為零，以M=mY的形式命題。此外，在政府有活動時，消費函數取決於可支配所得（Y–T），然而即使有政府活動，進口函數也是取決於收入（Y）的函數。

思考方式和消費函數很接近呢！

目前在產品市場使用的文字全部都出場了吧！

2 開放總體經濟模型

在前一個章節中接觸的總體經濟模型當中，進一步地加入了出口（X）與進口（M），並基於有效需求的原理之下做出**國民所得**的計算公式。公式準備如下。

國民所得　$Y = C + I + G + X - M$　　…以①表示，它個別的函數內容為

消費　　　$C = C_0 + c(Y - T)$　　　…②

輸入　　　$M = M_0 + mY$　　　　　…③

投資（I）、政府支出（G）、出口（X）為固定數值　…④

另外，稅金為從量課稅。　　　　　　　　…⑤

> Y：國民所得、C：消費、G：政府支出、X：出口、M：進口、C_0：基本消費
>
> c：邊際消費傾向、T：稅金、M_0：基本進口、m：邊際進口傾向

（簡稱請參閱 Unit02）

$Y = C + I + G + X - M$　…在①的公式當中，代入②到⑤的公式。

　　$Y = C_0 + c(Y - T) + I + G + X - (M_0 + mY)$

下一步去掉括弧。

　　$Y = C_0 + cY - cT + I + G + X - M_0 - mY$

再進一步把 Y 項移項至左邊，把 Y 集中在一起。

　　$Y - cY + mY = C_0 - cT + I + G + X - M_0$

　　$(1 - c + m)Y = C_0 - cT + I + G + X - M_0$

最後將兩邊除以 $(1 - c + m)$。

$$Y = \frac{C_0 - cT + I + G + X - M_0}{1 - c + m}$$

> 每個單元都會將總體經濟模型的算式展開，但在實際考試裡並不會要求展開這些算式，有大略的印象就足夠了。

↓ **轉換為經濟學使用的型態**

計算公式

$$Y = \frac{1}{1 - c + m}(C_0 - cT + I + G + X - M_0)$$

按照這個方式，導出國民所得計算公式。

　　接下來要確認構成這個公式的數字變化會為國民所得帶來多少的影響。認識開放模型的各個乘數。

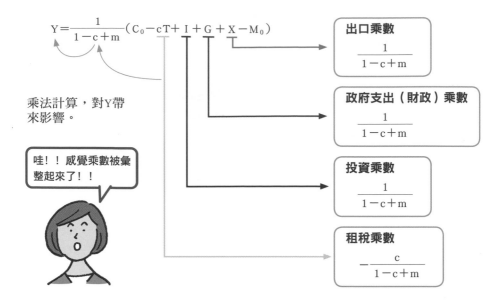

$$Y = \frac{1}{1-c+m}(C_0 - cT + I + G + X - M_0)$$

乘法計算，對Y帶來影響。

哇！！感覺乘數被彙整起來了！！

出口乘數

$$\frac{1}{1-c+m}$$

政府支出（財政）乘數

$$\frac{1}{1-c+m}$$

投資乘數

$$\frac{1}{1-c+m}$$

租稅乘數

$$-\frac{c}{1-c+m}$$

　　與前一個單元沒有國外部門的閉鎖總體經濟模型的乘數相比，我們就可以得知是以分母的邊際進口傾向m相加的形式呈現。

　　例如，讓我們來計算看看當增加50的出口時，以邊際消費傾向為0.8，邊際進口傾向為0.2時的國民所得（Y）會增加多少？

$$\triangle Y = \frac{1}{1-c+m} \times \triangle X$$

　　準備好進口乘數後，將數字應用至各文字上。代入 $c = 0.8$，$m = 0.2$，$X = 50$，

$$\triangle Y = \frac{1}{1-0.8+0.2} \times 50$$

$$\triangle Y = \frac{1}{0.4} \times 50$$

$\triangle Y = 125$，當出口增加50時，國民所得會增加125。

> **Key Point**
>
> 開放總體經濟模型當中，投資、政府支出或出口等的需求增加時，就會使國民所得增加其總量的 $\frac{1}{1-c+m}$ 倍。而這個 $\frac{1}{1-c+m}$ 稱為**國外貿易乘數**。

所謂開放總體經濟模型，就是只要把分母加上 m 的形式計算，基本上計算是相同的。

開放總體經濟模型的乘數在與閉鎖經濟的情況之下相比較時，透過展現其需求的外溢效應乘數的分母當中加上 m，由於分母放大的關係，使乘數的效果減弱了。

進行政府支出時的外溢效應

$$\frac{1}{1-c+m} < \frac{1}{1-c}$$

開放經濟　　　閉鎖經濟

這是因為透過有效需求的擴大，即使國民所得增加也會成為需求的漏出要因。簡單來說，由於需求擴張到國外引發進口的增加，而這部分造成的外溢效應成為互相抵消的原因。

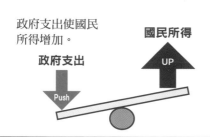

政府支出使國民所得增加。

政府支出　國民所得 UP　Push

國民所得增加引發了進口為需求的減少要因。

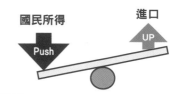

國民所得　進口 UP　Push

練習題

　　給予總體經濟模型 $Y=C+I+E-M$ 的公式。（Y：國民所得、I：投資、E：出口、M：進口假定為沒有政府活動僅有民間部門的經濟狀態。）

　　現在，當邊際消費傾向為 0.8，邊際進口傾向為 0.2，出口增加 30 的時候，因此而增加的進口會有多少呢？

1. 11　**2.** 15　**3.** 19　**4.** 22　**5.** 27

（國家 II 種 改題）

【解說】

解題必須分成二個階段。

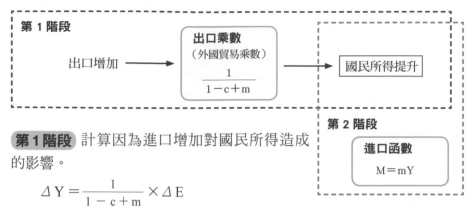

第1階段 計算因為進口增加對國民所得造成的影響。

$$\triangle Y = \frac{1}{1-c+m} \times \triangle E$$

在前頁的說明當中，是使用 X 做為出口的文字代號，但在此為了配合命題我們以 E 代表出口。

外國貿易乘數中邊際消費傾向為 0.8，邊際進口傾向為 0.2 時，將出口的 30 套用進去。

$$\triangle Y = \frac{1}{1 - 0.8 + 0.2} \times 30$$

$$\triangle Y = 2.5 \times 30 = 75 \qquad \cdots ①$$

> 出口乘數（外國貿易乘數）
>
> $$\frac{1}{1-c+m} = \frac{1}{1-0.8+0.2} = 2.5$$

從上面我們可以了解當出口增加 30 時，國民所得會增加 75。

第2階段 計算國民所得增加會使進口增加多少。為了計算進口函數，我們需要基本進口及邊際進口傾向，但是由於題目當中並沒有出現基本進口，我們僅以邊際進口傾向來製作進口函數。

M（進口）＝ mY

由於 m = 0.2，我們可以假定 M（進口）＝ 0.2 × △Y 這個公式。

將第 1 階段所導出的 △Y = 75 代入，求算出進口的增加量。

0.2 × 75 = 15

綜合上述，**正確答案為 2。**

3 IS平衡式

分析產品市場的材料都齊全了。

在此，我們將說明以IS平衡式作為對貿易收支的一種代表性思考模式。透過這樣，利用總需求Y^D與總供給Y^S均等，能夠探求為什麼貿易收支會時而呈現黑字，時而呈現赤字的重要因素。

在此，以供需取得平衡的狀態為前提，導出這項IS平衡式（IS的I是指投資的意思，S是指儲蓄的意思。若投資＝儲蓄時產品市場即達到均衡）。

產品市場的平衡

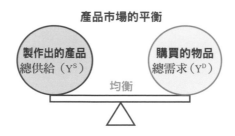

總供給（Y^S）

總供給（Y^S）＝消費（C）＋儲蓄（S）＋稅金（T）…①

總供給是指被消費掉的部分（C）與沒有用於消費的部分（沒有用於消費而支付在儲蓄S與稅金T的部分）加總後成為總生產額，可以用①方式來呈現。

總供給可用分配面來說明，也就是所得的總量。

簡而言之，獲取的所得當中可分為使用的部分（消費C）與沒有使用的部分（儲蓄S與稅金T），反過來看就是指消費C、儲蓄S及稅金T，加總計算後就會等於獲取的所得總量。

薪水又被分為使用掉的部分及未使用的部分、稅金。

總之，把使用的部分及未使用部分加總後就會等於原本薪水的總額呢！
總所得＝總生產額。

總需求（Y^D）

總需求（Y^D）＝消費（C）＋投資（I）＋政府支出（G）＋出口（X）－進口（M）…②

總需求（總支出）為有效需求，也就是已支出數額的多少，將消費支出、投資支出、政府支出的總量再加上來自國外需求的出口X，並扣除對國外需求的進口M。

接下來，由於需求與供給相等，總供給（Y^S）＝總需求（Y^D），將二式以相等方式連結起來。

$$總供給（Y^S）＝總需求（Y^D）$$

消費（C）＋儲蓄（S）＋稅金（T）＝消費（C）＋投資（I）＋政府支出（G）＋出口（X）－進口（M）

$$C + S + T = C + I + G + X - M$$

接下來消去兩邊的C。

$$S + T = I + G + X - M$$

再來將右邊的I與G移項至左邊就會完成下列公式。

$$S - I + T - G = X - M$$

將它轉換成下列容易用經濟學說明的形式。

Key Point

IS平衡式

(S－I)＋(T－G)＝X－M

IS平衡式是由民間收支、財政收支、貿易收支三個要素來成立。

$$(S - I) + (T - G) = X - M$$

　　民間收支　財政收支　貿易收支

民間收支…由儲蓄當中扣除投資後的部分
財政收支…由稅收當中扣除政府支出的部分
貿易收支…由出口扣除進口的部分

每個公式的說明如右。

① **民間收支（S－I）**

當民間收支為正數時，表示儲蓄超過投資。呈現尚有存款，仍有投資餘力的狀態。也稱為民間**超額儲蓄**。

② **財政收支（T－G）**

若財政收支為正數（**財政黑字**），表示政府還有進行政府支出的餘力。反過來說，若是負數時則表示為**財政赤字**，支出了超過稅金的財源以上的金額。

③ **貿易收支（X－M）**

貿易收支當中，當出口大於進口時為**貿易黑字**，反之當進口大於出口時則成為**貿易赤字**。

從這個公式當中，能夠印證貿易呈現黑字的解說。

Key Point

超額儲蓄與貿易收支黑字相對應。

從IS平衡式導出令人感到不可思議的因果關係。然而**超額儲蓄為貿易收支黑字的重要因素**。觀看IS平衡式就能得知，即使左邊的財政收支（T–G）為負數，但透過超額儲蓄的民間收支（S–I）能超越財政赤字越多的話，就會因為左邊為黑字，使右邊的貿易收支（X–M）也為正數，也就是為貿易黑字的情況。

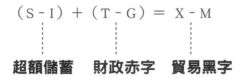

$$(S-I) + (T-G) = X-M$$

超額儲蓄　　財政赤字　　貿易黑字

為什麼超額儲蓄就會生貿易黑字呢？由於所謂儲蓄就是指沒有被消費掉的部分，也就是說當發生超額儲蓄時，就是生產出來的產品有較多的部分沒有被消費掉，通常這樣的情況下生產者應該會因應需求減少產量。

然而，即使這些因超額儲蓄所多餘的產量不被日本國內所需，若國外有人會購買的話就沒有減產的必要，而有可能將所有生產的產品全數售出。這個國外的需求轉為出口，並成為貿易黑字的部分。

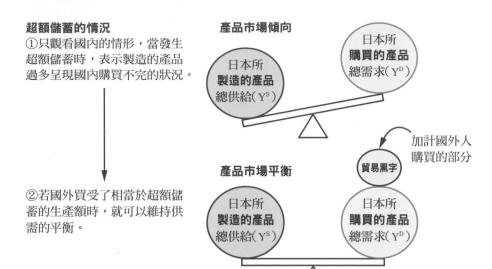

超額儲蓄的情況
①只觀看國內的情形，當發生超額儲蓄時，表示製造的產品過多呈現國內購買不完的狀況。

②若國外買受了相當於超額儲蓄的生產額時，就可以維持供需的平衡。

產品市場傾向

日本所**製造的產品**總供給(Y^S)

日本所**購買的產品**總需求(Y^D)

加計國外人購買的部分

貿易黑字

產品市場平衡

日本所**製造的產品**總供給(Y^S)

日本所**購買的產品**總需求(Y^D)

　　所謂出口，就是指日本的生產中由國外消費掉的部分。若假設財政收支（ T － G ）為固定額，為使需求與供給相等，超額儲蓄分量的貿易黑字就是必要的。

　　現在日本以觀光立國為目標，由於造訪日本的外國人來到日本觀光所產生的外食或住宿等等的消費也是屬於國外消費的部分，也以「出口」來計算。

TOPIC

　　透過造訪日本的外國觀光客在日本國內的消費活動稱為集客式行銷（Inbound）。這種集客式消費在統計上是從外國人將在日本買的產品或服務帶回自己的國家的角度來看，因此被計算在「出口」。

　　即使日本在因中國經濟趨緩對中出口額減少的時期，也經由中國觀光客的「爆買」行為改善了對中出口額減少的問題。

原來如此，政策性的增加外國觀光人次是因為不需要特地將物品運輸到國外，也能夠增加出口額。

由於外國觀光客在日本所消費的金額會原原本本的成為現金收入，所以觀光相關產業都摩拳擦掌著呀。

然而貿易黑字卻不見得都是有效用的，偶爾也會有和貿易對手國家產生貿易摩擦的情況。因此，稱為擴大內需的方法為一般被列舉出做為縮減貿易黑字的政策。

它並非由IS平衡式，而是由有效需求原理所導出。
可以從國民所得（Y）＝總需求（Y^D）的公式當中來說明。

將國內需求的部分整理為內需的公式。

國民所得（Y）＝消費（C）＋投資（I）＋政府支出（G）＋出口（X）－進口（M）

消費（C）＋投資（I）＋政府支出（G）→ 內需（國內需求的部分）

出口（X）－進口（M）→ 貿易收支（外需）

因此將消費、投資、政府支出彙整成為「內需」。

國民所得（Y）＝內需＋貿易收支

接下來將內需移項至左邊，完成下列公式。

Key Point

國民所得（Y）－內需＝貿易收支

內需與貿易收支

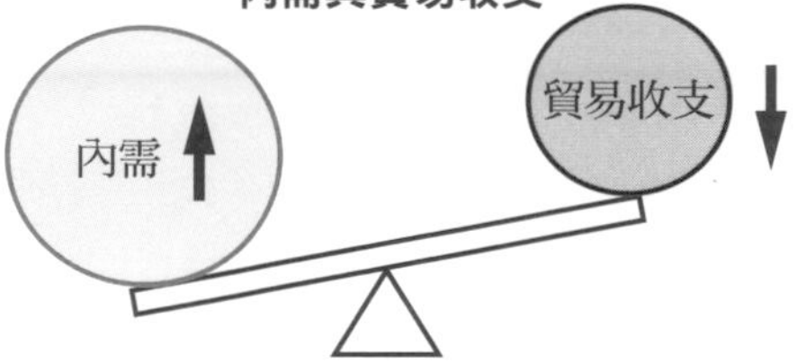

從這個公式當中我們可以說，若內需上升時，左邊數字會變小，因此右側的貿易收支也會跟著減少。

在某產品市場，設定民間儲蓄為200，政府支出100，租稅為90，貿易‧服務收支為40，關於民間儲蓄與民間投資的平衡，以IS平衡式為基礎所做的結論哪一項正確呢?

1. 超額儲蓄的超過額為20
2. 儲蓄不足的不足額為110
3. 儲蓄不足的不足額為50
4. 儲蓄與投資相等

（裁判所事務官　改題）

【解說】

首先在試場上準備IS平衡式，將數字應用進去進行計算。

問題當中雖以「貿易‧服務收支」的名稱稱呼貿易收支，但是是指相同的事項。

（民間儲蓄－民間投資）＋（租稅－政府支出）＝貿易‧服務收支

將題目給予的數字代入公式。

$(200-I)+(90-100)=40$，

計算之後得到了 $I=150$，

問題當中，由於詢問了是超額儲蓄或儲蓄不足，因此只取IS平衡式當中的（民間儲蓄－民間投資）部分來計算。

民間投資 $I=150$ 為產品市場的均衡，民間儲蓄 200 －民間投資 $150=$ 超額儲蓄 50。

因此，**正確答案為4**。

若能把IS平衡式背起來，似乎就可以用心算的方式來計算了呢。

Unit 09

経済非常不穩定

產品市場分析（45度線分析）⑤
達到充分就業

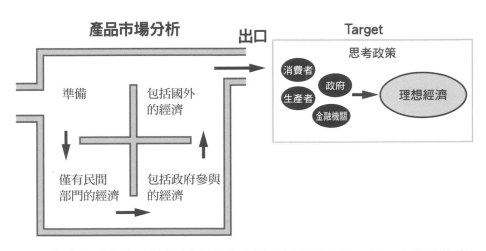

在本單元當中，將使用在產品市場分析所學到的工具，來檢視什麼樣的經濟才是最理想的。

總體經濟學最初的主題與解決失業問題有關，透過使用這些工具重新說明經濟理論。

1　總需求(Y^D)與總供給(Y^S)的圖表（僅有民間部門的案例）

在本單元當中，將僅有民間部門的總體經濟模型做成圖表。

最初先導出總需求（Y^D）的圖表。僅有民間部門的經濟，總需求（Y^D）是由消費（C）與投資（I）構成，我們來繪製它們個別的圖表。

步驟 1　國民所得（Y）與消費（C）的關係

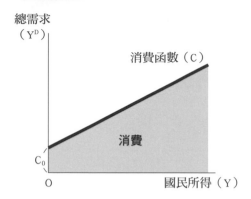

　　繪製消費函數。首先消費函數（C）在所得（Y）為零的情況時也會消費掉基本消費c_0。接下來會呈現出隨著所得增加使消費也隨之增加的函數（經濟學的圖表中，消費函數是朝右上揚的這一點相當重要）。

消費函數的圖表也是依據所得的增加描繪的呢。

步驟 2　將消費（C）與投資（I）加總

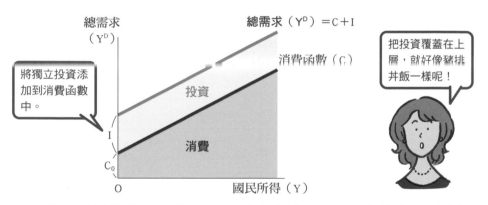

　　投資函數與所得無關，是以獨立投資方式進行。由於投資為固定數值，與消費函數相加後會剛好呈現似乎在上方平行移動的圖形。這就形成了僅有民間部門的經濟，總需求（Y^D）＝消費（C）＋投資（I）的圖表。

步驟 3　總供給（Y^S）的圖表

　　接下來將總供給（Y^S）製作成圖表，如同下圖以**45度線**繪製。呈

現這樣的45度線就是意味者橫軸與縱軸大小相同。也就是說，線上任何一處的**生產總量等於所得總量**，總供給（Y^S）＝國民所得（Y）恆常成立。

而製成45度線的理由是依據有效需求原理當中的需求面，掌握國民所得的決定權，因此總供給（Y^S）單純僅會供應至符合總需求的水準，就結果來看，就不會超過總供給（Y^S）＝國民所得（Y）。

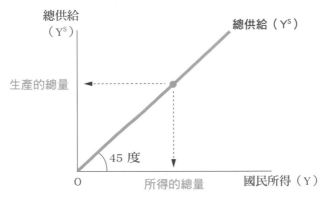

※ 在產品市場的分析當中，由於總供給（Y^S）以45度線繪製的關係，在產品市場的分析上也被稱為**45度線分析**。

步驟 4 　總需求（Y^D）與總供給（Y^S）的圖表

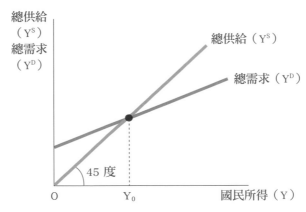

透過同時繪製總需求（Y^D）與總供給（Y^S）的圖表就能夠求得國民所得（Y）的水準。

現在將Y_0設定為國民所得的水準。接下來，讓我們來觀察看看這個水準隨著有效需求的增加，會產生什麼樣的變化。

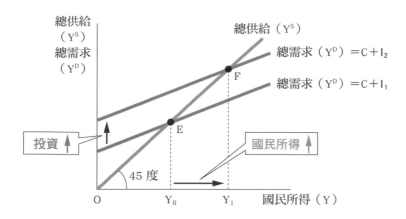

由於經濟處於Y_0的狀態，當投資增加時（從I_1上升到I_2），總需求（Y^D）的圖形也會上升。

以45度線描繪的總供給（Y^S），其生產總量僅配合需求總量來決定，因此，當投資增加時，總需求（Y^D）也會增加，生產也隨之上升。

這樣的結果使收支平衡點由E點移動至F點，國民所得也由Y_0增加到Y_1。

現在可以用圖表說明我所做過的計算呢。

確實從圖表當中來看，也看得出國民所得的總量比投資還要來得多。

2 緊縮缺口與膨脹缺口

使有效需求增加會推動經濟的發展，但並不是指讓需求愈大愈好。

確實，在失業發生的經濟環境下增加有效需求是必要的，但是反過來說，當景氣好而產生人手不足的狀態時應該就需要降低有效需求了吧。

因此，制定出「經濟需要多少的有效需求」的目標水準是必要的。

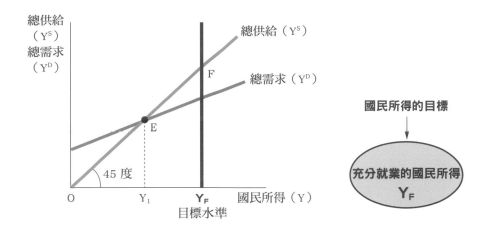

現在思考看看如果盡可能地生產能夠有多少的產量？換句話說，生產設備全面運轉，想要工作的人全都在工作的狀況就稱為**充分就業**。在這樣的情況下能夠實現可能的產量。並且當達成充分就業時的國民所得稱為**充分就業國民所得**。以 Y_F 來表示。以上圖舉例來說，需求與供給相等的國民所得水準 Y_1 並沒有滿足充分就業國民所得的關係，我們可以從圖表上了解到發生失業的狀態。

情況1　緊縮缺口

我們來思考沒有滿足充分就業國民所得的經濟。首先如同下圖 Y_0 的經濟條件為未滿足充分就業的不均衡狀態。這是由於從總需求 $(Y^D) - 1$ 到總需求 $(Y^D) - 2$ 都缺乏有效需求，而這個不足的部分被稱為緊縮缺口。存在緊縮的經濟具體來說，就是擁有製造 100 個供給能力的工廠卻只生產了 50 個的情況（這種供給設備空缺的情況稱為「閒置設備」），造成想工作卻無法工作的非自願性失業的情形。（因現行薪資過低而不願工作的失業者稱為**自願性失業**，但是想在現行薪資下卻

無法工作的失業者則稱為**非自願性失業**。詳細將在Unit16當中說明。）

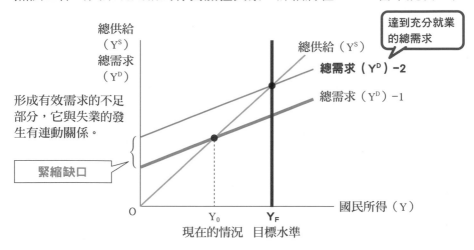

形成有效需求的不足部分，它與失業的發生有連動關係。

緊縮缺口

達到充分就業的總需求

總供給（Y^S）
總需求（Y^D）

總供給（Y^S）
總需求（Y^D）-2
總需求（Y^D）-1

國民所得（Y）

O　　　　Y_0　　　Y_F
　　　現在的情況　目標水準

情況 2　膨脹缺口

接下來我們來思考看看超過Y_F的經濟。所謂超過Y_F是指生產設備全面運作並擁有超額供給的需求狀態。並且在大家都「好想要、好想要」的狀態下，物價自然會應聲而漲。在Y_2的經濟下應用這個需求＞供給的思考模式，產生了**通貨膨脹（物價上漲）**的現象。

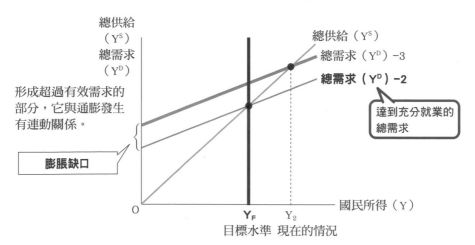

總供給（Y^S）
總需求（Y^D）

形成超過有效需求的部分，它與通膨發生有連動關係。

膨脹缺口

總供給（Y^S）
總需求（Y^D）-3
總需求（Y^D）-2

達到充分就業的總需求

國民所得（Y）

O　　　　Y_F　　　Y_2
　　　目標水準　現在的情況

如同上圖，超過充分就業國民所得的有效需求的超額部分稱為**膨脹缺口**。在圖中超過Y_F的水準能夠實現國民所得Y_2，但它卻僅是名目上（外表上）的水準，在實質上並不能超過Y_F。

由於所謂的**實質國民所得**，是使用物品所測量的國民所得，超過 Y_F 的經濟當中物價會呈現上漲的情況。

第2章
總體經濟學的理論

> **Key Point**
>
> $$\frac{名目國民所得}{物價（P）}=實質國民所得$$

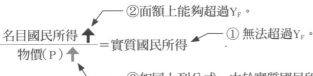

② 面額上能夠超過 Y_F。

$\dfrac{名目國民所得\uparrow}{物價（P）\uparrow}=$ 實質國民所得 ← ① 無法超過 Y_F。

③ 如同上列公式，由於實質國民所得的水準為充分就業國民所得水準的極限，因此分子中名目國民所得上升，成為分母物價（P）也同時增加的重要因素。

所謂「實質」是指使用物品去測量大小，因此若物品的價值也同時上漲的話就不會變多了。

> **Key Point**
>
> 將現在的經濟與理想經濟的水準（充分就業國民所得）做比較後產生偏離時，不足有效需求的部分稱為緊縮缺口；超過有效需求的情況則產生膨脹缺口。

> **複習題**
>
> 下列圖表的縱軸為消費 C 以及投資 I，橫軸為國民所得 Y，充分就業的國民所得為 Y_0，總需求（Y^D）＝C＋I 時均衡國民所得以 Y_1 來表示。現在 $Y_0=700$，$C=40+0.6Y$，$I=200$ 時，關於充分就業國民所得 Y_0 的敘述哪一項較為妥當呢？

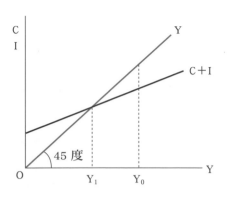

1. 產生40的膨脹缺口。
2. 產生100的膨脹缺口。
3. 產生40的緊縮缺口。
4. 產生100的緊縮缺口。
5. 產生140的緊縮缺口。

（地方上級 改題）

【解説】

　　題目中已經給予了圖表，由於均衡國民所得 Y_1 的水準並未滿足充分就業國民所得，讓我們了解到會產生緊縮缺口，因此可將選項範圍縮小為3、4、5。

充分就業國民所得並不是 Y_F，而是以 Y_0 來表示。視考試時的題目，要留意有可能會有使用文字或記號不相同的時候。

　　將試題的總體經濟模型整理後，來計算現在的國民所得水準（Y_1）變為多少（本題設定為沒有政府，僅有民間的經濟情況）。

　　從 $Y = C+I$

　　$Y = 40+0.6Y+200$ 　　（代入給予的數值）

　　$Y-0.6Y = 240$ 　　　　（將Y項移項至左邊）

　　$0.4Y = 240$

　　$Y = 600$ （Y_1 的均衡國民所得水準）

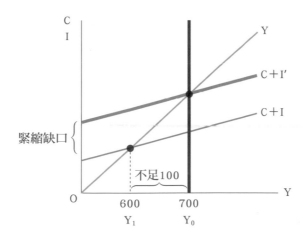

由於充分就業國民所得為700，現在的國民所得不足為100。
因此，從邊際消費傾向製作投資乘數，列出方程式。

$$100 = \frac{1}{1-0.6} \times 緊縮缺口$$
$$100 = 2.5 \times 緊縮缺口$$
$$緊縮缺口 = 40$$

> 若增加緊縮缺口部分的投資就能達成充分就業國民所得了呢！

有40的有效需求不足，成為緊縮缺口。因此**正確答案為3**。

3 總需求管理政策

政府採取酌量的政策手段實施刺激景氣的對策。這是透過控制有效需求使經濟安定為目標，稱為**總需求管理政策**。具體有下列這些項目。

例如，國民所得如下圖一般在Y_1有緊縮缺口的情況時，透過政府支出的增加或減稅等以**擴張性的財務政策**來實現充分就業國民所得（Y_F）的目標。

另外當國民所得在Y_2產生膨脹缺口時，就要透過減少政府支出或增稅的**財政緊縮政策**來達成充分就業國民所得（Y_F）。

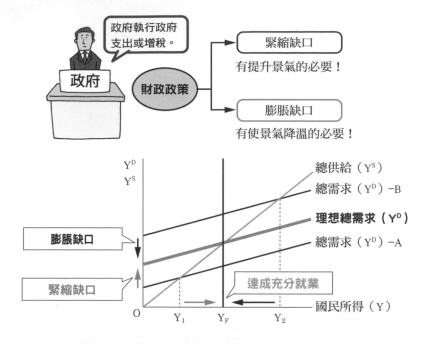

政府執行政府支出或增稅。

政府

財政政策

緊縮缺口
有提升景氣的必要！

膨脹缺口
有使景氣降溫的必要！

總供給（Y^S）
總需求（Y^D）-B
理想總需求（Y^D）
總需求（Y^D）-A

膨脹缺口

緊縮缺口

達成充分就業

國民所得（Y）

Y_1　Y_F　Y_2

在有膨脹缺口及緊縮缺口的經濟情況下，彙整當下所需要的財政政策（總需求管理政策）。

經濟情況	景氣	僱用	物價	政策手段
在有緊縮缺口情況的經濟（Y_1）	不景氣	發生失業	通貨緊縮（物價停滯）	**擴張性財政政策**→擴大公共投資及減稅

經濟

經濟情況	景氣	僱用	物價	政策手段
在有膨脹缺口情況的經濟（Y_2）	景氣好	人手不足	通貨膨脹（物價上漲）	**緊縮性財政政策**→減少公共投資、增稅

Unit 10

換算成現在的價值，就能知道實際價值

貨幣市場分析①

現在的金錢與未來的金錢

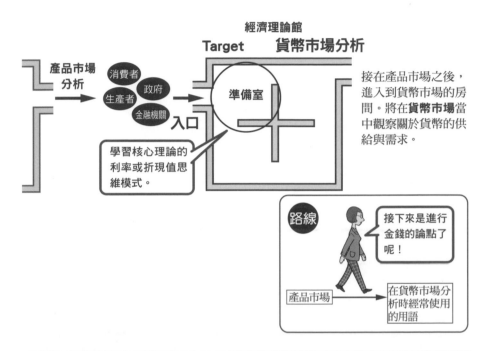

接在產品市場之後，進入到貨幣市場的房間。將在**貨幣市場**當中觀察關於貨幣的供給與需求。

1 利率（r）是什麼呢?

　　說到利率這個詞，應該沒有人是第一次聽到這個名詞吧。若到銀行存錢會給付利息（或稱利率）。例如存進100日圓，當時的利率是20%的話，就能想像明年存款會變為120日圓。

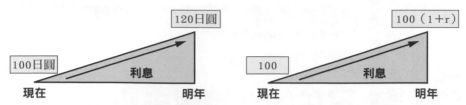

利率就是rate of interest，取它的字首r或者是i做為代號。以利率為r，現在的100日圓和明年的120日圓以公式列式如下。

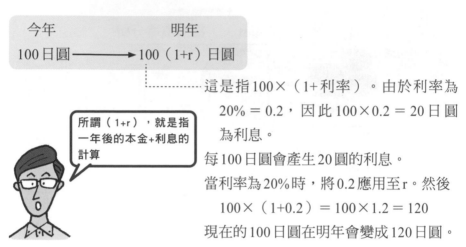

今年	明年
100日圓 ⟶	100（1+r）日圓

所謂（1+r），就是指一年後的本金+利息的計算

這是指100×（1+利率）。由於利率為20% ＝ 0.2，因此 100×0.2 ＝ 20日圓為利息。

每100日圓會產生20圓的利息。

當利率為20%時，將0.2應用至r。然後

$$100×（1+0.2）＝ 100×1.2 ＝ 120$$

現在的100日圓在明年會變成120日圓。

利率並不是我們把錢存進金融機關所得到的回禮。應該注意的是，當產生利率之前，已經**經過了一段時間**。

也就是說100日圓並不是自己就突然變成120日圓，而是隨著時間的流逝形成。明年用今年的100日圓乘以1.2來計算，2年後則以這個數字再乘以1.2。

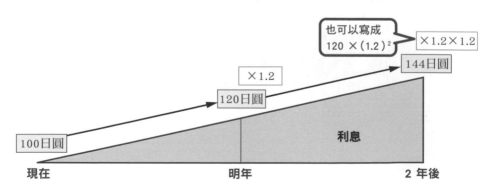

如此一來，若是將家中有的東西拿到銀行就會獲得利率，但您應該知道實際上並不是這樣。例如借入或借出一本經濟學的書籍應該是不需要支付利率的，首先我並不會向毫無關係的人借貸物品。

然而，金錢卻是不同的。它是個即使是素不相識的人也能夠立即交易使用、不可思議的商品。

而且也不會有持有金錢的人說：「我不需要！」（實際上應該會有比較多的人說，我不需要經濟學的書。）由於它是如此方便的商品，因此沒有免費借用這種便利物品的理由。所以我們可以把「利率」想像成類似**借入租金**的概念。

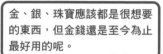

金、銀、珠寶應該都是很想要的東西，但金錢還是至今為止最好用的呢。

大家都想要的！
（最便利的商品）

也不是說在錢包裡放進金塊的意思，錢果然還是最方便的商品。

2 折現值

接下來用稍微不同的看法來思考現在的100日圓加上利息後成為明年的120日圓（利率設定為20%）。

我們來思考看看現在的100日圓與明年的100日圓哪一個比較有價值。當然，現在能夠得到的100日圓應該會比等待一年後才拿得到的100日圓還要有價值。若必須等待一年的話，在收回100日圓的時候，實際能夠取得的金額是包括利息的120日圓，我認為這是值得的。

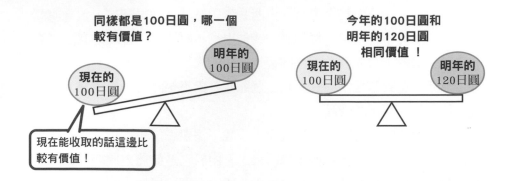

1年後能取得的金錢、2年後能取得的金錢……這個期間愈長也會愈來愈沒有價值。因此，必須加上利息。反過來思考一下「若現在收取將來應收取的金額會有多少的價值」。

思考這種計算方式所必須考慮的方法稱為**折現值**，它是把將來能夠取得的金額**換算成現在的價值**來表示。透過下列的順序來計算。

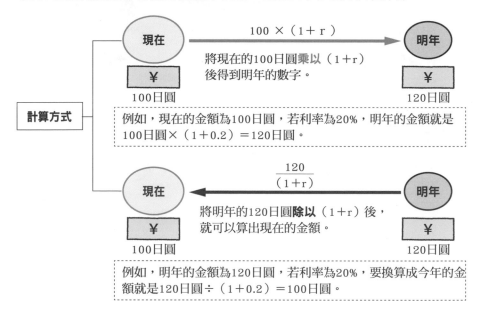

接下來，要把2年後的100日圓換算成現在的價值（稱為「**折現**」）。

例如，把明年的100日圓折算成現在的金額時並面額並不等值，而是以利率來折算後較低的價值。

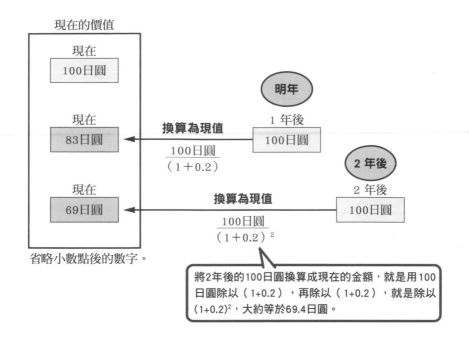

現在的價值

現在
100日圓

明年
1 年後
100日圓

換算為現值
現在
83日圓
$$\frac{100日圓}{(1+0.2)}$$

2 年後
2 年後
100日圓

換算為現值
現在
69日圓
$$\frac{100日圓}{(1+0.2)^2}$$

省略小數點後的數字。

將2年後的100日圓換算成現在的金額,就是用100日圓除以(1+0.2),再除以(1+0.2),就是除以$(1+0.2)^2$,大約等於69.4日圓。

同等價值
現在的
83日圓
明年的
100日圓

同等價值
現在的
69日圓
2 年後的
100日圓

這種折現值的思考模式,能夠確認時間流逝後的真實價值。

3 投資決策與折現值

說到未來能獲取的錢,最具代表的就是透過投資所得到的收益了。

我想,生產者決定進行投資的理由有許多種,有些是為了公司的信用或是為了貢獻社會,但一般來說絕不會做出損失的投資決定。

總之當生產者決定進行投資時,首要之務就必須計算透過這項投資所能獲取的利益。

當生產者考慮投資案件時，所計算的利益，是透過投資所實現的收益扣除因執行這項投資所產生的成本（費用），然而這兩者的**時間並非一致**。

相較於成本是現在支付，收益則是投資行動後所賺取的最終金額。因此，就有把有投資相關的利益換算為現在價值的必要。

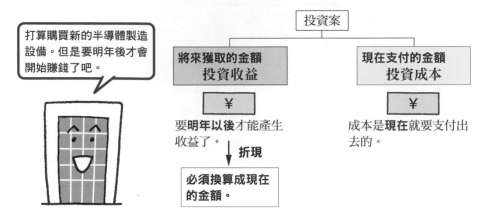

投資的收益是指投資機械或建築物後帶來收益的這數年之間，將所有的收益合計後計算出的金額，再依各別的年度去折算成價值。簡單來說，即使進行投資，但若是太久遠之後的收益，金額就會變得很小。我們將在下一個練習題理解要如何計算。

Key Point

決定投資意向

　　投資案的收益折現值 > 投資的成本

若滿足此條件就進行投資

即使進行投資，但若這個收益要10年後或20年後才收得到的話就沒什麼意義了吧！因為無論如何，現在就必須支付相關成本呀！

練習題

　　某企業為本期的計畫進行①、②的討論。若利率為15%時會進行哪一項計畫呢？

①投資50億日圓，1年後才能回收60億日圓的案件。

②投資40億日圓，2年後才能回收90億日圓的案件。

1. 只有①　　**2.** 只有②　　**3.** ①和②　　**4.** 以上皆非

（國稅專門官　改題）

【解說】

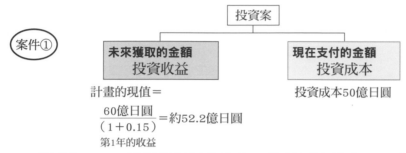

投資案

案件①

未來獲取的金額
投資收益

現在支付的金額
投資成本

計畫的現值＝

$$\frac{60億日圓}{(1+0.15)}＝約52.2億日圓$$
第1年的收益

投資成本50億日圓

　　利率為15%，透過將明年收取的60億日圓除以（1+0.15），就可以換算成現在價值。

　　由於投資成本為50億日圓，投資收益的折現值較大，因此會進行投資。

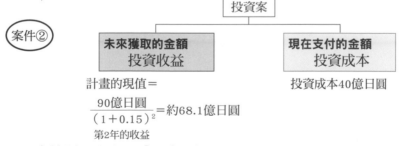

投資案

案件②

未來獲取的金額
投資收益

現在支付的金額
投資成本

計畫的現值＝

$$\frac{90億日圓}{(1+0.15)^2}＝約68.1億日圓$$
第2年的收益

投資成本40億日圓

　　由於題目中出現「只有2年後」的指示，因此可以透過將2年後收益的90億日圓除以$(1+0.15)^2$的方式計算出現在的價值。由於投資成本為40億日圓，投資收益的折現值較大，因此會進行此投資。

　　計算折現值會出現有小數的情況，但這個問題當中只要知道是否是大於40億就可以，因此沒有計算到小數點以下單位的必要。由於①案及②案的投資案皆會被採用，因此**正確答案為3**。

Unit 11

當今與貨幣都邁入數位化時代

貨幣市場分析②

為什麼要持有現金呢？

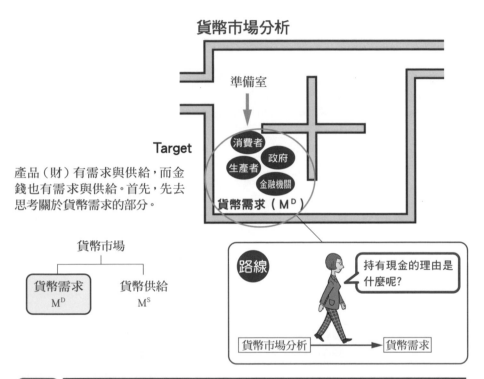

貨幣市場分析

準備室

Target

產品（財）有需求與供給，而金錢也有需求與供給。首先，先去思考關於貨幣需求的部分。

消費者
生產者　政府
金融機關

貨幣需求（M^D）

貨幣市場

貨幣需求　貨幣供給
M^D　　M^S

路線

持有現金的理由是什麼呢？

貨幣市場分析　　➡　　貨幣需求

1　金錢的角色

在產品市場的分析中，舉出了所謂對物品想要的「需求」思考模式，而也必須設定對於金錢「需求」的看法。

大家應該都見過金錢這個物品吧，而且都會隨身攜帶（需要它）以便不時之需。

所謂「金錢」這個產品是個非常特殊的物品。伴隨人類的歷史，各式各樣的物品成為叫做「貨幣」的東西。例如貝殼、骨頭、石頭、據說

是薪水一詞來源的鹽（Salt），現在則是紙，也就是印刷品，而另一方面也出現了一種如電子貨幣這般數位資訊。

　　由於金錢這個東西是誰都想要的物品。雖然有像金幣或銀幣這類貴金屬，自體本身就有價值的物品，然而我認為，能夠獲得貨幣地位的原因，比起優越的財產條件，例如像印刷品或數位電子資訊般容易使用、攜帶便利、不會腐壞、可以大量生產等條件更是相當重要的。

　　現在的紙幣將在Unit13詳細說明，它是個非常容易控制發行量的產品。為何現在選擇了這樣的產品做為「貨幣」呢？讓我們透過貨幣市場的學習來探討這個想法。

金錢的歷史也有很劇烈的變遷呢！從貴金屬、鹽、石頭、紙，到現在的電子貨幣！！

所謂金錢，並不是指這個物品的價值，而是人們是否認同它是「錢」。所以不時會誕生各種「錢」。

2 貨幣的機能

　　持有貨幣能有什麼樣的實用性呢？對生活又有什麼樣的用途呢？讓我們來思考貨幣的機能吧。

①是交換物品時的手段功能

　　想像看看不存在貨幣的社會。若沒有貨幣，在要獲取想要的物品時就必須以物易物。然而以物易物的同時會產生龐大的**交易成本**（交易成本是指，例如想買草莓的時候，來到了有大量商品的蔬果店或是去超市找到自己想要的草莓，再與出售的人交涉何時？要購買多少？所耗費的體力、自宅到商店來回的交通費、還有到支付完成前排隊的時間或利用交通運輸工具所等待的時間，就連去拿取購物袋都會花費時間。也就是說交易是除了購買草莓這樣商品，還會發生價格以外的成本。）

　　但若以擁有公認價值的貨幣進行交易，就可以利用它來節省相當的交易成本。另外它不會腐壞，便於攜帶，因此交易量會增加，若有了貨幣也能使商業持續發展。

若世界上沒有貨幣的存在，會因為交易困難而使得許多生活必須品需要透過自給自足的方式完全自行取得。若有貨幣的話，透過交換就可能集齊所有需要的物品，因此就能夠專注於自己拿手的工作。根據這些賺到的貨幣，可以多購買更多新的物品，令生活更加豐富。貨幣的特徵上，由於具有誰都不會拒絕、容易交換的性質，這在經濟學當中是個稍微困難的單字，我們認為它是在資產當中**流動性**最高的商品。

貨幣在交換方式的功能上也被稱為**流通方式**、**結帳方式**或**支付方式**。

 若是和認識的人進行以物易物，感覺似乎沒什麼問題，但是如果要和不認識的人交換物品的話，就不是很容易的感覺。

 若是貨幣的話，不但攜帶方便，而且可以鎖進櫃子裡，隨時與任何人進行交易時使用。

②**維持物品價值的功能**

超人氣商店的甜點，也許沒有人抗拒得了，因此搞不好能夠獲得「貨幣」的地位。然而，高級甜點無法成為貨幣的理由是因為，若沒有立即消費的話，它的價值就會減少。

例如在持有貨幣的同時也累積了財產（價值）。高級甜點之所以無法保存它的金額，是因為它是會腐壞或蒸發的物品。即使決定以高級甜點做為貨幣，但在這個市場當中，會逐漸形成一種是以其他不會折價的產品做為貨幣來使用的潮流。

但是在通貨膨脹時，由於使用這種個貨幣能夠購買多少物品的購買力會下降，因此貨幣並不一定能經常保持價值。

 有聽說在通貨膨脹嚴重的國家工作的人，一領到薪水就立刻換成黃金！

 因為金或銀擁有它本身不變的價值！

③**做為衡量價值的功能**

產品，可以與貨幣進行交換，因此可以透過「價格」做為共同尺度來表現。

如同上述，貨幣的功能分類為①交換手段、②維持價值功能、③衡量價值的工具三種。

3　有錢的根據？　貨幣需求（M^D）的動機（1）

貨幣市場也有供給與需求，本書當中將貨幣需求以 M^D（Money Demand）、貨幣供給以 M^S（Money Supply）來表示。所謂「貨幣需求動機」，簡單來說就是持有貨幣的理由，若沒有理由的話應該就會放手了吧。

貨幣需求動機，能夠從下列三點來思考。

交易的動機

獲取薪資並將它們用於支出，但若收入與支出的時間點完全吻合，也就是說，從領到薪水那一天，到下一次領薪水為止的支出會全部使用完畢的話，就沒有持有金錢的必要。不過應該沒有這樣的人。一般來說，領到薪水後應該會將錢放進皮包或存入銀行，然後再用來購物、支付房貸或支應日常生活的開銷。

像這種為了因應日常開銷而持有貨幣的情況，若以經濟學的說法被稱為「**基於交易動機的貨幣需求**」。

這種貨幣需求會因所得（Y）愈大，持有的交易預備金就愈大，因此被認為與所得的多寡有相依的關係。

預防動機

錢包當中，不應只有用於上述交易時的金錢，應該也額外存放了一些預防當發生事先無法預知的情況時所需要的金額。這種用於意外支出所準備的貨幣稱為「**基於預防動機的貨幣需求**」，這種貨幣也被認為會因為所得（Y）愈多而隨之增加。

曾聽過有些經營者為了以防萬一，在皮帶內側或鞋底隱藏現金。

我也是為了以防不時之需，在手機殼裡預藏了一張千元鈔票耶！

所謂貨幣的需求，簡單來說就是在錢包當中「放入金錢的理由」！

　　無論是基於交易動機的貨幣需求與基於預防動機的貨幣需求，都被分類為與**所得（Ｙ）依存的函數**（**所得增加**就會使基於交易動機的貨幣需求增加）L_1，以

　　$L_1 = L_1（Y）$

這樣的函數來表達。

投機動機

　　當持有貨幣時，前述二種是對錢包當中金錢的印象，但也有這些以外的持有情況。例如，我們以家庭存款來思考看看。將錢存入銀行會產生利息，為什麼準備沒有利息的私房錢仍是必須的呢？

　　若持有金錢做為資產，分為像私房錢這種**直接持有貨幣**或是購買**債券**二個種類。

　　購買債券的情況下，在持有的期間每年能夠得到固定的利息。

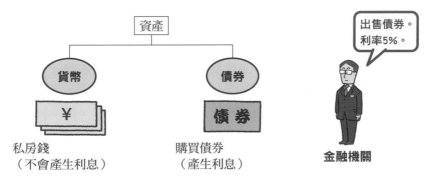

　　然而，當將債券視為資產持有時，即使每年能夠收取利息，但當債券價格下跌時卻會發生損失資產的風險。

關於利息（Income gain）與資本利得

　　當運用資產時，能夠透過持有某些資產持續獲取現金收入稱為**利息**（**Income gain**）。銀行存款或債券就符合這一類。

　　另一方面，所謂**資本利得（Capital gain）**是指透過所持有的資產價格變動來獲取收益。例如由於債券的價格變動，在價格便宜時買進，在價格高的時候賣出。所得到的增值收益就是資本利得。由於資本利得是透過持資產的價格升值所獲得的收益，以會增值為前提買進。

　　反之，因未來情勢變化使債券價格下跌的情況時，將它賣出就會發生損失。這就是與資本利得的相反詞，稱之為**資本損失**。

```
          ┌── 利息 · Income gain
┌──────┐  │    透過持有持續獲取收入。
│ 債 券 │──┤
└──────┘  │    資本利得 · Capital gain
          └── 透過出售獲取的增值利益。
```

　　善用資產，即使購入債券後，當預期它的價格會下跌時，債券持有人也可以將它出售轉換為現金。總之，這就是以資產的形式持有貨幣。

購入債券的決策

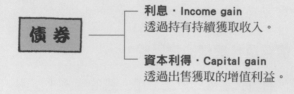

```
              ┌──────┐
              │ 債 券 │
              └──────┘
        債券價格
      ┌──────────────┴──────────────┐
┌──────────────┐              ┌──────────────┐
│ 感到「便宜」時 │              │ 感到「昂貴」時 │
└──────────────┘              └──────────────┘
        │                              │
       購買                            出售
     持有債券              **持有貨幣並等待下次機會**
```

　　假設債券價格為1萬日圓，預測數月後會變為2萬日圓的話，就會覺得「便宜」而買進。反之，若是價格為500日圓數月後會變成200日圓的話，就會覺得「昂貴」，而保守觀望。

原本想持有債券會比較能夠有利於資產運用，但若預期它會下跌時，持有貨幣的方式預留私房錢會好一些吧。

與其「賺錢」！不如選擇「沒有損失」呢！

4　債券價格的計算　貨幣需求（M^D）的動機（2）

接下來我們將針對如何決定所謂「昂貴」或「便宜」的債券價格，去思考它的計算方式。

步驟 1　債券是什麼樣的物品呢？

說到債券，有各式各樣的形式。用一般的案例來說明，每種債券的票面金額、清償日（到期日）、利息等都各有不同，購買者將選擇適合自己運用的債券。

債券
票面金額
100日圓

購買日與到期日
以98日圓的折現值購買票面金額100日圓的債券，經過5年或10年等固定的持有期間到清償日（到期日）時，返還票面100日圓的價格。

利息
至清償日前會定期且持續產生利息。利息為票面金額×年利率（利率），清償期限愈長，年利率愈高。且購買者在期間出售也無所謂。

步驟 2　永久債券（永續債券、萬年公債）

琳瑯滿目的債券當中，最容易用來說明價格決定結構的就是**永久債券（永續債券、萬年公債）**。這種債券沒有清償日期，是永遠都不會清償的債券。也就是說只要持有它就會一直產生利息。

永久債券

由於永久債券是永久能夠獲取利息，利息的合計金額就會等於債券價格。即使能夠無止盡的取得利息，但債券的價格並不是無限的，使用 Unit04 說明的無窮等比級數思考方式，就能夠求取出具體的價格。

首先假設每年能夠獲得的利息為 A 日圓，就能導出下列的式子。

A 日圓為每年能夠獲得的利息（收益），但只要是未來的金錢，都需要換算為現在的金額，因此必須以折現值進行計算。

（債券價格為 S，利率為 r）

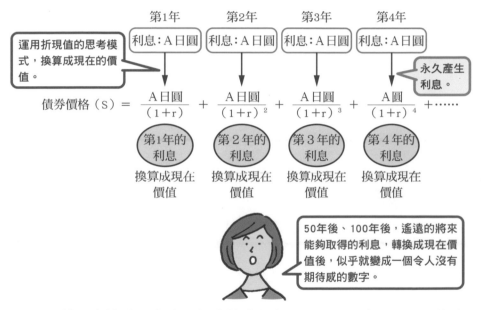

另外，由於計算方式是**無窮等比級數的和**，可以應用 Unit04 的公式來計算。

步驟 3　無窮等比級數和的計算（參照Unit04）

無窮等比數和的計算最重要的只有首項和公比。然而在實際的試場時並不會遇到必須當場計算的情況，我們以中間計算為參考，只看結論。

首項	公比
$\dfrac{A日圓}{(1+r)}$	$\dfrac{1}{(1+r)}$

無窮等比級數和的公式

$$\dfrac{首項}{1-公比}$$

應用無窮等比級數和的公式

最初的數字

乘以多少數列呢？

（參考並且計算）

債券價格（S）＝

$$\frac{首項}{1-公比} = \frac{\dfrac{A日圓}{(1+r)}}{1-\dfrac{1}{(1+r)}} = \frac{\dfrac{A日圓}{(1+r)}}{\dfrac{1+r-1}{(1+r)}} = \frac{A日圓}{(1+r)} \div \frac{1+r-1}{(1+r)}$$

$$= \frac{A日圓}{(1+r)} \times \frac{(1+r)}{1+r-1} = \frac{A}{r} 日圓$$

分數的除法，就是倒過來的乘法。

感覺中間計算十分困難，結果卻變簡單的！

就像這樣，債券價格（S）就是利息（A）除以利率（r）計算的簡單形式。

Key Point

$$債券價格（S）= \frac{利息}{利率}$$

例如每年能收到500日圓的利息，而利率為5%的情況下，

$$債券價格（S）= \frac{500日圓}{0.05} = 10,000日圓$$

透過這種簡單的計算，算出債券價格為10,000日圓。

步驟 4　利率與債券價格的關係

由於債券價格為利息（A）除以利率（r）所算出的數字，因此當利率變化時，債券價格就可能會提高或降低。可以用下列的架構來思考。

①當利率上升時債券價格將會下跌。

　　由於當利率上漲時，分母變大的關係，使得債券價格下跌。總之，利率上漲與債券價格下跌有著密不可分的關係。

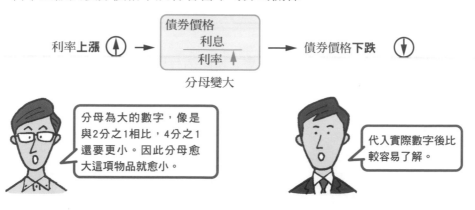

②當利率下跌時債券價格將會上漲。

　　另外，當利率下跌時，分母變小使得債券價格上漲。因此利率與債券價格之間有著反比的關係。

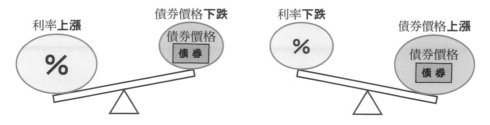

步驟 5　基於債券價格與投機動機的貨幣需求

　　利率降低，債券價格就會上漲。也就是說，只要利率下跌，我們就可以認為已持有的賣方能夠獲取資本利得，出售的壓力升高。另一方面，對於買方來說昂貴的債券恐怕會帶來資產損失。因此，對於購買債券，就會呈觀望而選擇保有貨幣（如同私房錢），並等待利率再度上漲的機會。

随利率下跌，比起購買債券會更偏好保有貨幣。像這樣將貨幣做為資產持有的情況稱為基於**債券價格與投機動機的貨幣需求**。

另一方面，若提到利率上升的情況時，由於利率的上升會引發債券價格的下跌，就會減少持有貨幣的需求。

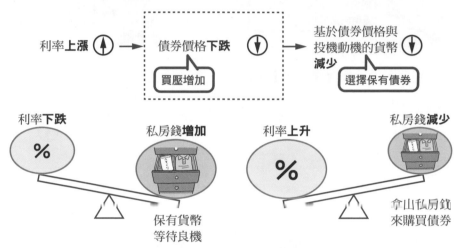

由於利率下跌會使人選擇保有如同貨幣般流動性高的資產，凱因斯將基於利率與投資動機的貨幣需求稱為**流動性偏好理論**。

並且，基於利率與投資動機的貨幣需求與利率相依的關係稱為L_2。以$L_2 = L_2(r)$的函數來表示。

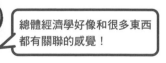

總體經濟學好像和很多東西都有關聯的感覺！

Key Point

基於交易動機的貨幣需求、基於預防動機的貨幣需求為所得（Y）的函數，基於利率與投資動機的貨幣需求則是利率函數。

練習題

關於貨幣需求的敘述，下列何者較為妥當。

1. 當利率上升伴隨投資意願低落，由於預期不景氣的關係，會與債券價格上漲有關係。

2. 基於交易動機的貨幣需求與利率有相依關係，而基於利率與投機動機的貨幣需求則是與所得相依的函數。

3. 為預防未來有任何意外發生所準備的貨幣需求稱為基於預防動機的貨幣需求，主要與利率有相依的關係。

4. 根據凱因斯的流動性偏好理論，若當前利率低於未來要實現的利率，現在高價的債券將被預期未來會下跌，因此現在將貨幣做為資產的需求會增加。

5. 票面價值為 A，年利率為 0.1%，關於永久債券利率為 5% 的情況下，它的折現值以 $\dfrac{A}{22}$ 來表示。

（國家 II 種 改題）

【解說】

1. ✕ 利率上升，債券價格下跌。

2. ✕ 根據交易動機的貨幣需求為所得函數，根據利率與投機動機的貨幣需求則是以利率為函數。

3. ✕ 基於預防動機的貨幣需求為所得函數。

4. ○ 若當前利率低於未來要實現的利率，購買現在位在高價的債券就有可能發生資產損失的機會。因此，購買債券是十分不利的，應該會持有貨幣。

5. ✕ 使用題目的數字來求算永久債券的價格。
   ① 永久債券的利息 = 票面價格 × 年利率 = 0.1A
   ② 利率 = 0.05 應用到下列公式

   永久債券的價格 $= \dfrac{①利息}{②利率} = \dfrac{0.1A}{0.05} = 2A$

   綜合以上，**正確答案為 4**。

貨幣市場分析③
金錢「顯著地」增加了！

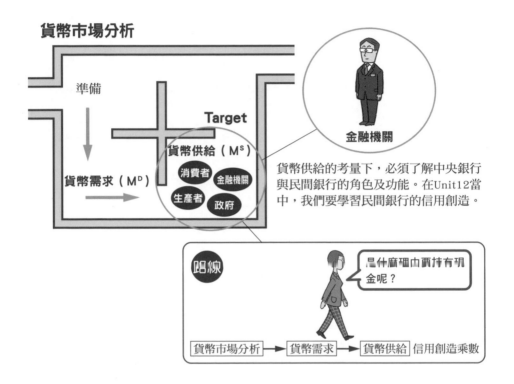

貨幣市場分析

準備

Target

貨幣需求（M^D）

貨幣供給（M^S）

消費者　金融機關

生產者　政府

金融機關

貨幣供給的考量下，必須了解中央銀行與民間銀行的角色及功能。在Unit12當中，我們要學習民間銀行的信用創造。

路線

是什麼理由要持有現金呢？

貨幣市場分析　→　貨幣需求　→　貨幣供給　信用創造乘數

1　經濟全體的金錢數量

　　目前為止所學習到的**貨幣供給**（M^S）都是在說在經濟當中循環的金錢總量。過去所謂的貨幣供給是以「**金錢供給**（Money Supply）」這個名詞來說明，但在2007年日本郵政銀行被視為日本國內銀行以及金融商品種類多元化的情況增加，現在也有人使用「**貨幣庫存**（Money Stock）」（「貨幣餘額」）一詞，來做為發布貨幣供給量的統計數據。

所謂貨幣供給（M^s），當然是指在市面上流通的金錢，以及放在錢包當中的零錢或鈔票，而一般活存或支票帳戶也包含在內。

說到存款，就是從ATM當中提領現金使用的印象，但其實若有存款的話，可以使用信用卡或電子支付，帳戶扣款或現金匯款等，若有支票帳戶的話則可以使用支票、票據等形式，雖然它是存款，但能像現金一般直接支付。但是並非所有的存款都能以等同現金支付的方式來使用，定期存款就無法直接轉帳或匯款，或從ATM領出，但如果解約後就能夠匯入一般活存或支票帳戶，可以立刻做為現金來使用。像這種定期存款的形式，使用金錢之前需要經過一定程序的存款以**準貨幣**來稱呼。

《參考》關於金錢的範圍

雖說是貨幣供給，但由於存款有不同形式，貨幣當中包含哪些範圍的存款，以廣義流動性區分為 M1、M2、M3。

M1 … 現金貨幣＋存款貨幣（活期存款）

（範圍：存款貨幣的發行者為所有存款的處理機關）

※活期存款為因應存款者的請求隨時存取的存款。

M2 … 現金貨幣＋存款貨幣＋準貨幣（定期存款等）＋CD（可轉讓定期存單）

（範圍：存款的存放帳戶限定為下列金融機關）：日本銀行國內銀行（除了日本郵政銀行、國外銀行、信用金庫、信金中央金庫、農林中央金庫、工商組合中央金庫。）

※CD（可轉讓定期存單）是指他人能夠轉讓的定期存款（一般的定期存款是以擔保或保證金方式存在銀行，也會有存戶無法解約的案例。）

M3 … 現金貨幣＋存款貨幣＋準貨幣（定期存款等）＋CD（可轉讓定期存單）

（範圍：存款貨幣的發行者為所有處理存款的機關。與M2的存款範圍相同，但M3是指所有的存款處理機關。）

廣義流動性 … M3＋金錢信託＋投資信託＋金融債＋銀行發行普通公司債＋金融機構發行CP＋國債＋外國債券

（範圍：M3 是加入一些被認為具有某種「流動性」的金融產品。）參考日本銀行「貨幣存貨統計」：https://www.boj.or.jp/statistics/outline/exp/faqms.htm/

現在的貨幣供給，也就是在**貨幣存貨統計上 M3 這個指標受到重視**。報紙的報導也記載了「貨幣存貨（M3）近年來持續增加」與 M3 相關的報導。

說到金錢，使用零錢或鈔票的機會漸漸變少了，許多人都在網路上購物。

不用擔心零錢，單手拿智慧型手機用電子支付的方式實在太方便了！

2 信用創造的思維模式

在此將說明有關在考慮經濟當中流通的貨幣數量時重要的**信用創造**原則。所謂信用是指**民間銀行**（也稱為民營銀行）所擁有的信用，透過介入這樣的信用，了解到**金錢「顯著地」增加**的機制。

在現在的生活當中民間銀行是不可缺少的。

例如要如何取得薪水？首先，工作的公司會把員工的銀行帳號及薪資金額提交給銀行。

到了支薪日，銀行會從公司的存款當中領取薪資的總額，並且匯至每位員工的存款帳戶。在此完全沒有零錢或鈔票的遞交，僅有數字重寫的作業程序。

同樣的，若查看企業的交易，不僅是薪資的支付，幾乎所有的支付都不需要使用零錢及鈔票，而是透過銀行存款帳戶間的資金轉移（也可改寫為存款存摺）。

提到銀行業務的融資，也就借錢給民間消費者或生產者，也同樣只是將資金匯至存款帳戶當中，並沒有實際交付現金的動作。信用創造的背景就是運用這種「記帳」的存款性質來思考的方式。接下來我們將說明這些步驟。

步驟 1　準備金

　　民間銀行將人們存入銀行做為存款的金額借消費者或生產者，並獲取利息。借出愈多的錢就能得到愈多的利息，然而這都是存戶的錢，為了避免若存戶來提取時沒有現金的情況，必須準備一筆固定的金額。這就是被稱為**現金存款準備金**（也可以使用支付準備金、存款準備金等名稱），而對應於存款總額的現金存款準備金比率稱做**現金存款準備比率**。

為事業計畫提供資金融資。

展開新的企畫。

現金 存入的現金

借出

金融機關

生產者

　　然而，日銀（日本銀行）為確保這項現金準備金的安全性，也有以存入日銀的方式來進行準備金的預備動作。這就是法定存款準備金，而對於存款總額的**法定存款準備金**的比例則稱為**法定存款準備率**。

（在考試時並不會刻意區分現金存款準備率及法定存款準備率，大多以相同方式處理。）

步驟 2　關於可放款金額①

　　將 10,000 日圓存入 A 銀行。現金存款比率（＝法定存款準備率）為 10% 的情況下， 10,000 日圓中，10% 的 1,000 日圓為 A 銀行所不能借出的金額，其餘的 9,000 日圓才是可放款金額。

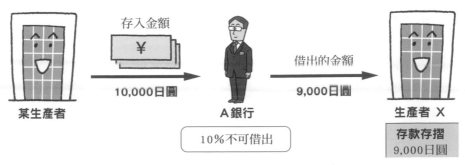

存入金額

借出的金額

某生產者

10,000日圓

A銀行

9,000日圓

生產者 X

10%不可借出

存款存摺 9,000日圓

借了這筆9,000日圓的生產者X的存款帳戶將會記入9,000日圓,但實質上並沒有進行現金的存提動作。然而,它卻是可隨時提領的確切金額,當生產者X需要的時候即可使用。

　　看了上述的情況後,我們可以了解到經濟整體的金額(存款的總稱)為最初的10,000日圓,但透過銀行後變為10,000日圓＋9,000日圓＝19,000日圓。

為什麼錢會增加呢?事實上紙鈔本身並沒有增加不是嗎?

不,增加了哦!即使只是在存款存摺內記入,但存款也是現金的一種,所以錢增加了!

步驟3　關於可放款金額②

　　在步驟2當中的現金總量,從10,000日圓增加為19,000日圓,但實際上只要民間銀行存在的話,與銀行當中是否實際有錢無關,只要以把錢匯進對方的存款帳戶的形式就會使金錢增加。

　　步驟持續進行。生產者X進一步把從A銀行借來的9,000圓存入B銀行(領出借來的錢,將全額存進其他銀行,較極端的說法)。於是,B銀行不能借出這筆9,000日圓的現金存款準備比率,為10％的900日圓,能夠將剩餘的8,100日圓借給其他的生產者。

　　在這個階段當中,生產者X的存款存摺當中記入了9,000日圓的存款,而借入這筆款項的生產者Y的存款存摺當中則記入了8,100日圓的存款。

總之在這裡金額（存款）的總額為 10,000 日圓＋9,000 日圓＋8,100 日圓。最初的金額為 10,000 日圓，但透過銀行的貸款，就能夠想像金額會增加為好幾倍。我們來計算看看到底會變成多少呢。

步驟 1　透過民間銀行增加的金額總量

第1階段

透過A銀行增加的部分

　　最初的 10,000 日圓透過 A 銀行扣除現金存款準備率 10％（0.1）之後的 90％，總之是借出了乘以（1－0.1）所算出來的 9,000 日圓。

　　金錢總額 10,000 日圓 ＋**9,000 日圓**

最初的金額　　10,000日圓×（1－0.1）

第2階段

透過A銀行與B銀行增加的部分

　　接下來，借出的 9,000 日圓扣掉在 B 銀行的現金存款準備率 10％（0.1）之後的 90％，借出 9,000 日圓乘以（1－0.1）後的 8,100 日圓。

　　金錢總額 10,000 日圓 ＋9,000 圓＋**8,100 日圓**

10,000日圓×（1－0.1）

由於是10,000日圓×（1－0.1）×（1－0.1）
因此成為10,000圓×$(1-0.1)^2$

乘以2次的（1－0.1），所是平方的意思。

然後…

在A銀行與B銀行後，再透過其他銀行增加的部分

　　由於市面上不只有 A 銀行與 B 銀行，透過民間銀行再次進行借出，可以考慮全體銀行的存款餘額計算如下。

　　金錢的總額＝10,000 日圓＋10,000 日圓×（1－0.1）＋10,000 日圓×$(1-0.1)^2$＋10,000 日圓×$(1-0.1)^3$＋10,000 日圓×$(1-0.1)^4$＋……

只要有銀行，就會持續借貸！

民間銀行

像之前一樣是無窮等比級數的和。

步驟 2 無窮等比級數和的計算

由於形成了無窮等比級數和的形態，使用公式計算。

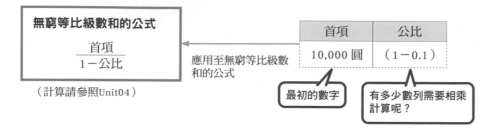

	首項	公比
	10,000 圓	（1－0.1）

無窮等比級數和的公式

$$\frac{首項}{1-公比}$$

（計算請參照Unit04）

應用至無窮等比級數和的公式

最初的數字

有多少數列需要相乘計算呢？

將數字應用至公式

$$\frac{首項}{1-公比} = \frac{10,000日圓}{1-(1-0.1)} = \frac{1}{0.1} \times 10,000日圓$$

而 10,000 日圓是最初的金額，將它乘以 $\frac{1}{0.1}$，也就是現金存款準備率的反轉數就能算出借出額的總數。

$$10,000日圓 \times \frac{1}{0.1} = 100,000日圓$$

實際上金錢本身只有 10,000 日圓，但金額的總額，也就是存款總額卻放大了 10 倍（透過記帳增加的數字）。

這種透過民間銀行持有的信用反覆連鎖的存款及借出，使金額（存款貨幣）不斷增加的過程稱之為**信用創造**（Credit creation）。

※ 此處所說的信用有指民間銀行所擁有的信用的意思，也有民間銀行的資產負債表的貸方（帳簿的右側：credit side）的意思。

 借出10倍的錢？！如果存款者全部一起提領時該怎麼辦？

 首先，並不會有存款者集體提取現金的情況吧！這才是所謂的信用！

步驟 3 信用創造乘數

透過信用創造，所產生的金錢總量為 $\dfrac{1}{0.1}$ 倍，也就是 $\dfrac{1}{現金準備率}$ 倍。在此最初投入的存款（稱為「本源性存款」）透過銀行組織**增加數倍**，以**信用創造乘數**來表示（亦稱為貨幣乘數、存款乘數、信用乘數）。

Key Point

信用創造乘數

$$\dfrac{1}{現金存款準備率} \text{ 或 } \dfrac{1}{法定存款準備率}$$

※但是在此所顯示的信用創造乘數為生產者 X 把所借入的資金，再以全額以存款方式存入，手邊並沒有留下現金，以全額投入存款為前提。

練習題

　　某民間銀行得到100萬日圓的存款。關於全體民間銀行以該筆存款為基礎所衍生創造的存款金額哪一項為正確。

　　全部的民間銀行的存款準備率為5％，存款沒有在中途流出至民間銀行之外。

1. 1,600萬日圓　2. 1,900萬日圓　3. 2,000萬日圓

4. 2,100萬日圓　5. 1億日圓

（地方上級　改題）

【解説】

　　最初的金額（本源性存款）為100萬日圓，利用信用創造乘數來計算它們透過民間銀行產出的存款金額。

$$存款總額 = \frac{1}{現金存款準備率} \times 獲取的存款金額$$

$$\frac{1}{0.05} \times 100\,萬日圓 = 2,000\,萬日圓$$

若題目問的是「存款總額」的話，2,000萬日圓是正確答案，但本題問的是「衍生出的信用創造存款金額」，因此必須扣除最初的金額（本源性存款）。

2,000萬日圓（存款總額）－ 100萬日圓（最初存入額）＝1,900萬日圓

因此，**正確答案為2。**

若沒有仔細閱讀題目就會因為粗心而出錯了。

Unit 13

運用貨幣政策控制金錢量

貨幣市場分析 ④

日本銀行也介入市場

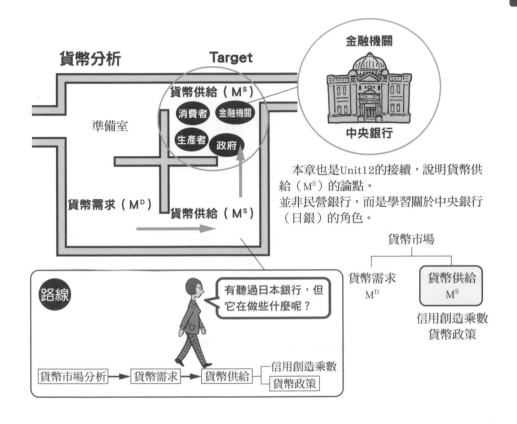

貨幣分析　　　　**Target**

準備室

貨幣供給（M^S）
消費者　金融機關
生產者　政府

貨幣需求（M^D）　貨幣供給（M^S）

金融機關
中央銀行

本章也是Unit12的接續，說明貨幣供給（M^S）的論點。
並非民營銀行，而是學習關於中央銀行（日銀）的角色。

貨幣市場
貨幣需求 M^D　｜　貨幣供給 M^S
信用創造乘數
貨幣政策

路線

有聽過日本銀行，但它在做些什麼呢？

貨幣市場分析 → 貨幣需求 → 貨幣供給 → 信用創造乘數｜貨幣政策

1 日本銀行（日銀）的角色

在Unit12當中用街上隨處可見的民營銀行（民間銀行）來舉例，在此學習的是關於日本的中央銀行——日本銀行（通常以日銀簡稱。本教材也是使用日銀）。

日銀擔任以下的角色。

① 身為**發鈔銀行**（發行日本銀行券）的角色

皮夾當中的紙鈔上印有「日本銀行券」的字樣。在日本只有日銀能夠製造紙幣。我想，同樣的錢包當中也有硬幣，它不是由日銀而是由另外的獨立行政法人造幣局所製作，並印有「日本國」的樣子。

② 身為**政府銀行**的角色

受於政府之託，管理國家金錢或處理相關事務。

③ 身為**銀行的銀行**（面對民間銀行的存款或借款）的角色

接受民間銀行的存款或借出借款。與民間銀行不同的是，一般人不會有日銀的帳戶。只有政府或金融機關才會擁有日銀的帳戶。

另外暫時陷入資金不足的金融機關，首先會先向其他的金融機關借入資金，但當沒有其他資金供給銀行的情況時，中央銀行也有「最後貸款人」的功能。

2 貨幣政策

在經濟當中流通的貨幣有現金及存款，然而，能夠調節這些金錢數量的就是日銀（日本銀行）。但是日銀並不能夠掌控所有在經濟當中流通的金錢 僅限於固定的總量。

日銀能夠**直接控制**的金錢稱為**強力貨幣**（High powered money）或**貨幣基數**（Monetary base）。

強力貨幣是由**現金**與**存入中央銀行**的存款形成。存入中央銀行的存款就是指法定存款準備金。它們占了貨幣供給（M^s）一部分的比率，這筆錢最終將成為信用創造乘數的加倍總量，成為社會上流通的金錢量，也就是貨幣供給（M^s）的總量。

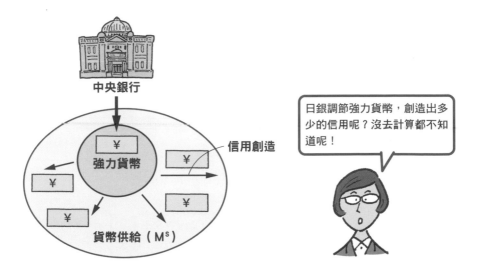

中央銀行

日銀調節強力貨幣，創造出多少的信用呢？沒去計算都不知道呢！

信用創造

強力貨幣

¥

¥

¥

¥

貨幣供給（Mˢ）

　　先前已介紹過政府介入產品市場的財政政策（政府支出或減稅等），同樣的，日銀也控制著貨幣數量使用刺激景氣的**貨幣政策**。主要是使物價穩定、促進就業率等令經濟安定成長為目的。

　　這項刺激景氣的貨幣政策，並非如同政府支出一般直接投入資金給予經濟支援，但可以說是具**機動性及柔軟性**的貨幣政策。

　　執行財政政策的情況下，為執行政府支出所伴隨的國家預算修正案需要經過國會的決議，完成這項手續得耗費相當的時日，會缺乏靈活性。

　　然而，貨幣政策只需要經過日本銀行的**政策委員會決議**即可實施，就能夠盡早應對經濟所需。

確實政府要實施政策前需要花費時間等候國會的回應，有可能發生在需要的時候卻無法將需要的資金投入市場的情況。

　　在考慮貨幣政策之前，我將說明貨幣金額數量與利率的思考模式。

思考模式1　投資的增減

　　一但中央銀行介入市場進行金錢總量的調節，或變更利率（或「利

息」）。而利率的變更也會對有效需求的增減有極大的影響。

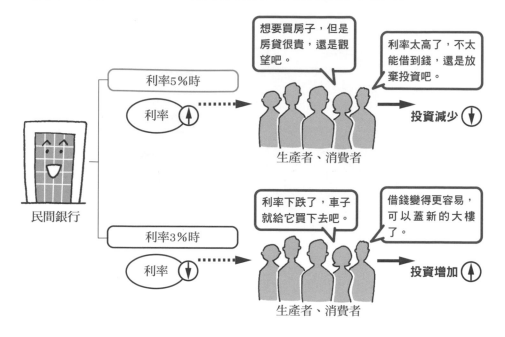

思考模式2　供需平衡

　　有效需求其中之一的投資，由於是以實際借到錢為前提，與借款利率有相依的關係來決定需求的總量。

　　利率的決定，如同產品的價格一般，透過市場的力量來決定所謂的供需平衡。

產品的市場　供需平衡

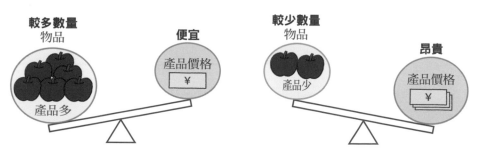

當產品的供給量大於需求量時價格會下跌，反之當供給量少的時候

價格會上漲。簡單來說當市場上的「數量」多的時候價格會下跌。這種思維模式同樣能應用在金錢總量與利率當中。

金錢的市場 供需平衡

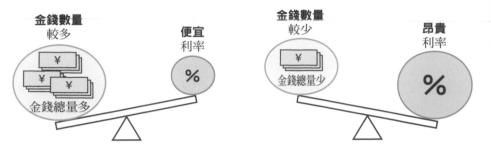

我們可以想像利率就是指借款時所支付的租金。例如當利率為3％時借入100萬日圓，就會產生100萬日圓×0.03＝3萬日圓的利息，如同租金一般必須加進100萬日圓當中一起償還。

當市場上流通的資金總量少的時候，需要借錢的人應該會增加。但是在這樣的情況下，銀行所持有的金錢總量也較少的關係，因而無法輕易貸放，租金＝利率就會上漲。

反之，當市場上有許多的資金流通時，銀行也會有較多的金錢總量，需要借款的人應該也會減少。在這個時候，就能夠以較低租金＝利率來借款。

總之，當景氣惡化時，若市面上有較多的金錢總量流通，人們就容易獲取金錢。另一方面來看，當景氣過熱時，應該就會考慮使金錢流通總量減少的政策。

原來，東西多的話就會變便宜，少的話就會變貴。

經濟學果然還是與「數量」相關的學問呢。不管是產品、金錢或人們，都是因為需求與供給的原理而運作。

關於日銀所實施的貨幣政策，共有下列3點。①**公開市場操作**、②**操作法定存款準備率**、③變更基礎折現率以及基礎貸款利率（官方再貼現率）。我們將說明如何控管市場中金錢總量促使經濟發展。

公開市場操作（買進、賣出）

公開市場操作（Open Market Operations）為貨幣政策之一。是指中央銀行對市場當中的國債或票據進行買賣並控制強力貨幣的數量。

在不景氣時實施**買進**（購買行動）的政策。中央銀行買進民間銀行所持有的債券（國債）或票據，並支付金額。透過中央銀行釋出資金的方式，使民間銀行獲取資金，如此市面上流通的資金量就會加，並且刺激有效需求。

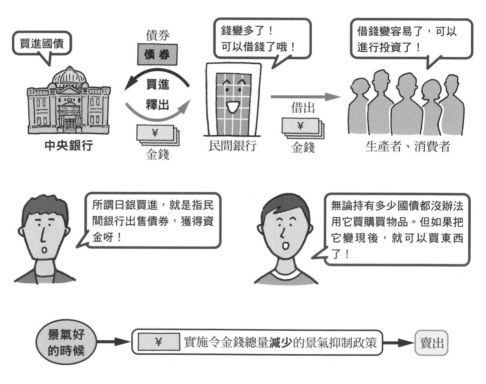

反過來說，在景氣好的時候會實施稱做**賣出**（賣出行動）的政策，中央銀行將其持有的債券（國債）或票據出售給民間銀行，並取得資金。透過回收民間銀行手中的資金，使民間流通資金減少，促使資金不足並抑制投資或消費，透過縮減有效需求來防止景氣過熱。

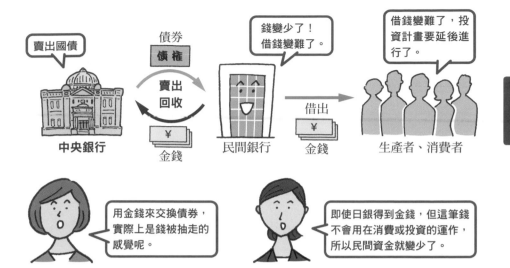

法定準備率的操作

更進一步的貨幣政策還有**法定準備率的操作**。

民間銀行必須從存款總額當中提出一定比例的無息**法定存款準備金**存入中央銀行。這些金額就成為了日銀的活期儲蓄存款。因此,民間銀行僅能借出扣除存款準備金的餘額。

並且法定存款準備金的操作,是透過此準備率的提高或降低,使民間銀行的可放款金額增加或減少,以藉此控制流通至市場的金錢總量。

在不景氣時降低法定存款準備率,使可放款金額增加。例如存款總額10,000日圓,法定存款準備率由30％下修至10％時,民間銀行可貸放的金額應該會如下表一般增加。

	法定存款準備率**30%** ← 法定存款準備率**10%**	
存款總額	10,000 日圓	10,000 日圓
法定存款準備金	3,000 日圓	1,000 日圓
可放款金額	7,000 日圓	**9,000 日圓**

當法定存款準備率降為10％，必須提存至日銀的存款準備金變為1,000日圓，可放款金額變為9,000日圓，由於可放款的金額增加，打算向銀行借款的消費者或生產者借錢也變得容易，造成資金在市場中流通的情況。

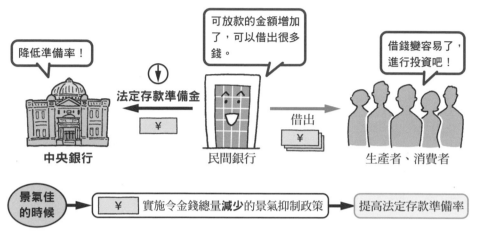

降低準備率！

可放款的金額增加了，可以借出很多錢。

借錢變容易了，進行投資吧！

法定存款準備金

¥

借出

¥

中央銀行　　　　民間銀行　　　　　生產者、消費者

景氣佳的時候　→　¥　實施令金錢總量**減少**的景氣抑制政策　→　提高法定存款準備率

在景氣好的時候提高法定存款準備率，令可放款金額減少。若可放款的金額減少，想向銀行借款的消費者或生產者變得不容易借到錢，因此達到抑制市場中流通的金錢數量，使景氣不容易過熱。

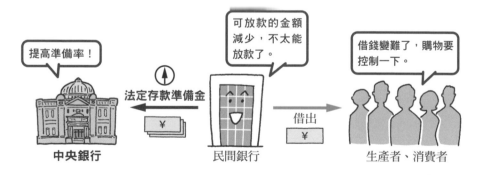

提高準備率！

可放款的金額減少，不太能放款了。

借錢變難了，購物要控制一下。

法定存款準備金

¥

借出

¥

中央銀行　　　　民間銀行　　　　　生產者、消費者

變更基礎折現率以及基礎貸款利率（官方再貼現率）

日銀將借款給民間銀行時的利率之基礎折現率及基礎貸款利率（官方再貼現率）變更，使民間銀行向中央銀行借貸的總量受到調整。

以過去最基本的貨幣政策來說，有一個稱為**官方再貼現率操作**的項目。所謂官方再貼現率是指代表性的政策利率（日銀為了實施貨幣政策的

誘導目標），日銀放款給民間銀行時，依據官方再貼現率，使民間銀行借款變得容易或困難，民間銀行的利率的訂定與官方再貼現率互有關聯。

90年代時，民間銀行的利率完全**自由化**，從那時起，過去的官方再貼現率操作就再也無法發揮功能。

<過去的官方再貼現率的操作>

過去的官方再貼現率操作為，籍由官方再貼現率與民間銀行放款利息之間互相影響，將官方再貼現率向上調整或向下調整，民間借貸還款成本的**成本效益**變化受到了重視。

首先在不景氣的時候調降官方再貼現率。如此，民間銀行的利率也會隨之下降的關係，使借款時的還款成本減少，讓借款變得容易，透過資金在經濟市場上靈活流動並促進有效需求。

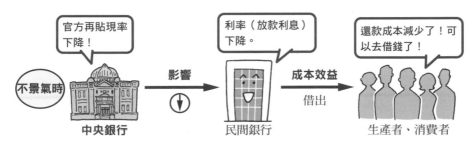

另一方面當景氣好的時候則是提高官方再貼現率，令民間銀行的利率隨之調漲，使借款時的還款成本增加，抑制消費或投資等有效需求的擴張，到防止景氣過熱的情況。

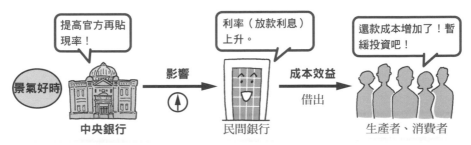

<基礎折現率及基礎貸款利率（過去的「官方再貼現率」）的變動>

過去民間銀行的利率受到官方再貼現率影響的關係左右。現在隨著

金融自由化，利率取決於金錢的供需平衡。

改變現行的基礎折現率及基礎貸款利率（過去的「官方再貼現率」）的作用是，透過中央銀行更動官方再貼現率，我們將它視為市場會如何表現的指標並預期它的**宣示效應**。

另外，並非從日銀借款，取而代之的是一個金融機關之間互相借貸，被稱為「集合競價市場」（Call market）。在此所適用的利率稱做同業拆放利率。特別是將無擔保借款、隔日還款的利息稱為「無擔保同業拆放利率（隔日拆放利率）」。現在，日銀將它設定為政策利率，轉變為誘導目標利率。因此，官方再貼現率還具備了同業拆放利率指示波動上限的功能。

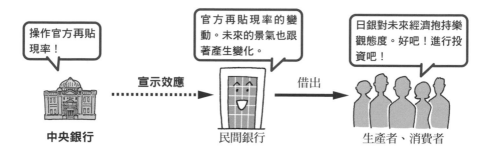

關於貨幣供給的敘述，哪一項較為妥當。

1. 景氣不佳時，透過適量的貨幣政策當做刺激景氣的對策，因此實施買入。日銀從市場購入債券或匯票，並使市場的資金流通量增加。

2. 若民間銀行的放款增加，強力貨幣會隨之增加。就結果而言，市場全體的貨幣供給（money stock）也會跟著增加。

3. 民營銀行從存款當中，提高存入中央銀行的日銀活期存款的法定準備率時，信用創造乘數（貨幣乘數）也會提升。

4. 中央銀行敲定法準備率為20%，當最初存款增加為1,000萬日圓時，透過信用創造，包括最初存款的存款總金額增加額為8,000萬日圓。

（國家II種　改題）

【解説】

1. ○　日銀以刺激景氣對策之名實施貨幣政策。其中之一為在景氣不佳時於公開市場進行買進，在景氣熱絡時則實施賣出，來調節市場中的資金流量。

2. ×　強力貨幣是來自於中央銀行能夠直接掌控的現金與法定準備金。強力貨幣無法透過民間銀行的放款來增加。

3. ×　信用創造乘數 $= \dfrac{1}{\text{法定準備率}}$

由於是以分數來表示乘數，法定準備率增加，分母會變大，因此信用創造乘數（貨幣乘數）就會減少。

4. ×　信用創造乘數 $= \dfrac{1}{0.2} = 5$

由於初始存款為 1,000 萬日圓，也包括在 5 倍之中，存款總額應為 5,000 萬日圓。

綜合上述，**正確答案為 1**。

進入總體經濟學的核心論點！！

IS—LM分析①
導出IS曲線與LM曲線

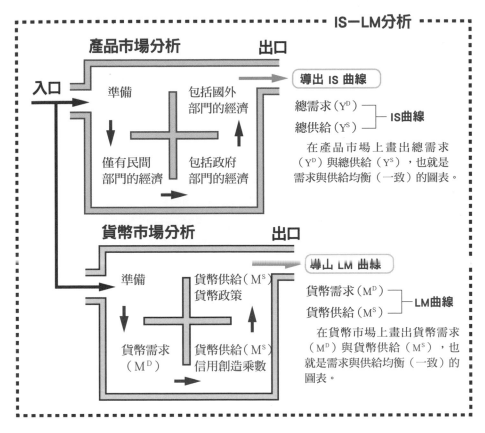

目前為止我們學習到了關於產品市場的需求與供給，以及在貨幣市場上貨幣的需求與供給。接下來。我們將對兩者進行同時分析的作業。

這項同時分析作業，就如同本章的標題一樣稱為**IS－LM分析**，在這項分析當中使用了IS曲線及LM曲線兩種曲線來命名。

IS－LM分析的目的，是為了讓我們分析現在為止所學習到的財政政策或貨幣政策，要如何實施才能使國民所得增加呢？以及哪一種政策

對於經濟較為理想呢？

　　由於有非常多的論點，在本章我們首先說明IS曲線及LM曲線要如何繪製。

一下子不知道什麼是IS什麼是LM！

但是，好像哪裡看過I或S、L、M這幾個代號的感覺。

1 IS曲線的描繪方式

　　IS曲線為表示產品市場當中國民所得（Y）及利率（r）為均衡狀態的圖表。IS曲線的I為投資（Investment），S為儲蓄（Saving）的單字字首。

　　所謂產品市場均衡，是指需求端的總需求（Y^D）及供給端的總供給（Y^S）呈均等狀態，另外是投資（I）與儲蓄（S）相等的意思。

　　以此思考模式為前提，進行下列的步驟並導出IS曲線。

總需求（Y^D）＝總供給（Y^S）

步驟1　利率（r）與投資（I）的關係

　　在此我將更進一步說明，關於決定國民所得總量的有效需求其中之一的投資（I）。這是因為僅有產品市場的分析（45度線分析）所涉及的投資是不依存利率的獨立投資，但是接下來要將貨幣市場一併考慮進去時，就得談及與利率相依的投資。

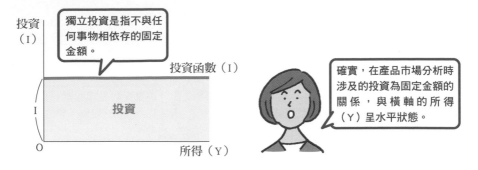

相對於獨立投資，與利率相依的投資則呈現為下圖。

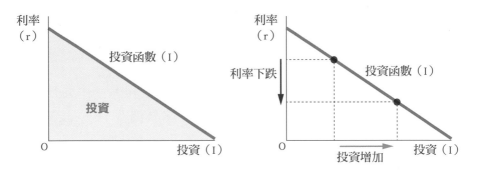

　　呈現朝右下的形狀是因為，若利率下降，使借款變得容易進而使投資增加的關係，反之，若利率上漲，借款變得困難就會使投資減少。

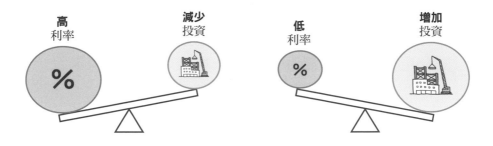

步驟2　儲蓄（S）與國民所得（Y）

接下來我們來復習關於儲蓄（S）與國民所得（Y）的關係。

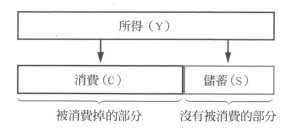

被消費掉的部分　　　　沒有被消費的部分

國家整體儲蓄（S）是國民所得（Y）當中未消費的部分。並且如下列儲蓄函數所列式，當所得增加時，儲蓄也會增加。（當Y的數字變大時，S的數字也跟著變大。簡單來說就是當薪資增加時，消費也會跟著增加，儲蓄也會隨著提高。）

儲蓄函數（參考Unit06）

$$S = -C_0 + sY$$

基本消費的負數　　　邊際儲蓄傾向×所得

若所得增加儲蓄也會增加

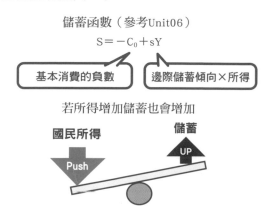

步驟3　產品市場均衡（需求與供給一致、產品市場平衡）

接下來要復習的是，產品市場上「需求與供給一致」的條件。首先，國民所得的總量會依附有效需求的原理。

國民所得（Y）＝總需求（Y^D）

由於需求與供給呈現$Y^D = Y^S$相等的狀態（均衡），因此

$$\begin{cases} 總供給（Y^S）＝消費（C）＋儲蓄（S） \\ 總需求（Y^D）＝消費（C）＋投資（I） \end{cases}$$

總供給（Y^S）＝總需求（Y^D）為

消費（C）＋儲蓄（S）＝消費（C）＋投資（I），去掉兩邊的消費

（C）後就呈現出**儲蓄（S）＝投資（I）**。

總之，**當國民所得（Y）在均衡水準時，儲蓄（S）＝投資（I）即成立**。

產品市場的均衡（平衡）

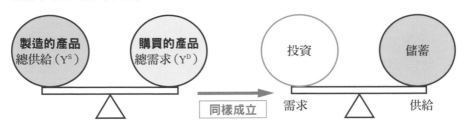

步驟4　利率（r）與國民所得（Y）的關係

在產品市場均衡（需求與供給相等）的情況下，將步驟1至步驟3的流程連結起來，並說明利率（r）及國民所得（Y）間的關係。

流程1 儲蓄與所得的關係 ⟶ **流程2** 投資與儲蓄的關係

利率下降，投資會增加。

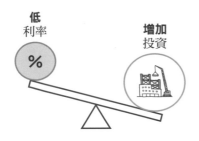

　　而且，若投資增加時，要使產品市場均衡就必須維持投資＝儲蓄的關係，因此儲蓄也必須增加。

產品市場的均衡（平衡）

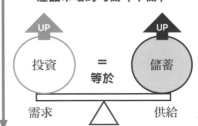

流程3　儲蓄與所得的關係 ━━━━▶　結果

為了增加儲蓄，就必須增加所得。

綜合以上所述。

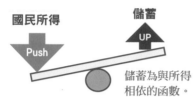

國民所得　Push

儲蓄　UP

儲蓄為與所得相依的函數。

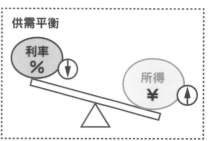

供需平衡

利率%　↓

所得¥　↑

當利率下跌投資即會增加，破壞供需平衡。為了回到供需平衡，增加儲蓄是必要的，但需要經由提高所得才能夠達成。也就是說，透過所得的增加才能再度令供需恢復平衡。

嗯，錯綜複雜的關係呢！

步驟5　導出IS曲線

接下來要描繪利率（r）與國民所得（Y）關係的IS曲線圖。IS曲線圖並非「若利率降低國民所得就會增加」的關係式，而是顯示出「**使產品市場均衡的利率與國民所得的組合**」圖表。圖表的意義為，IS曲線上產品的需求與供給經常呈現相等的狀態，也就是如果該圖顯示出當利率下降時國民收入增加，就是能夠達成的。（換句話說，當供需脫離IS曲線時，就會產生供需失衡的情形）。

產品市場呈現出均衡的狀態

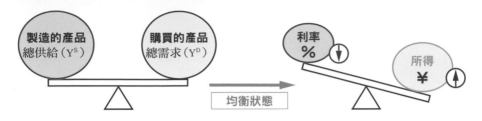

繪製成縱軸為利率（r），橫軸為國民所得（Y）的圖表。也有以橫軸為GDP（國內生產毛額）來說明的情況。

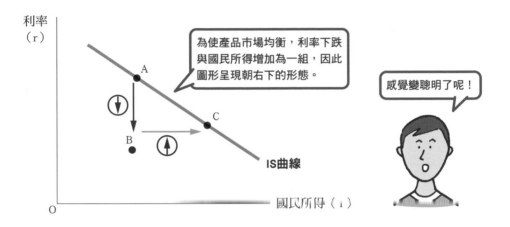

首先，A點為產品市場需求與供給相等的位置。從這一點開始沿著紅色箭頭往下，也就是由於利率下跌使產品市場的投資增加了。因為投資為總需求（Y^D）的其中之一，投資增加表示需求也增加，故B點出現了「**需求＞供給**」的情況，也就是破壞供需的平衡。

然而，再沿著綠色箭頭向右移動，就是若增加國民所得，儲蓄也會增加。若這裡增加的儲蓄與投資的數量相等時，就會再度回到產品市場上需求與供給相等的狀況。像這樣將達到供需均衡所形成的A點與C點連結起來的即為IS曲線。與上圖一樣是朝右下方向的形態。簡單來說，A點與C點就是由於利率下跌，所得增加的情況所形成的產品市場均衡狀態。

2 IS曲線的移動

接下來思考看看關於IS曲線的移動。我們準備了產品市場的供需均衡。追隨有效需求的原理,來決定需求方的國民所得(Y)。

國民所得(Y)=總需求(Y^D)=C(消費)+I(投資)+G(政府支出)

透過這個公式,在排除「國外部門」的情況下,國民所得注入要因的消費、投資、政府支出若增加,IS曲線就會向右移動,國民所得(Y)就會增加。

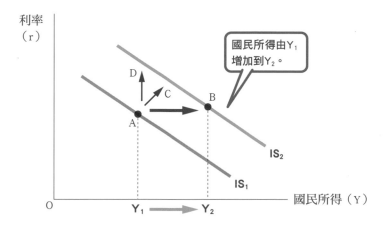

但是即使從IS_1移動到IS_2,因為消費、投資或政府支出函數的性質,也會有由A到C這樣**朝右上**的移動,或A到D這樣**朝上方**移動的情況。因此,說明為朝右上移動、朝上方移動並沒有錯誤,只是**一般而言**會解釋為「在產品市場上,IS曲線會隨需求的增加而向右移動」。在考試時也經常看到「朝右(上)移動」的解說文字。

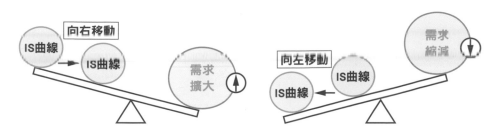

反之，當需求減少時，IS曲線會朝左移動。在這種情況下也可以用朝**左下**移動或朝**下方**移動的方式來看。但是一般會用「在產品市場上，IS曲線會隨需求的減少而向左移動」的方式來說明。

而且，主要使用IS曲線做分析的是**財政政策**。

財政政策是指，政府執行政府支出（G），透過增稅或減稅來控制需求的總量以達到刺激景氣或抑制景氣的目的。

3 財政政策與IS曲線的移動

擴張性財政政策

當經濟在未達到充分就業的狀態時，會實施增加政府支出（G）或者是減稅（減少T）的政策。這些需求的擴大會使IS曲線向右移動。

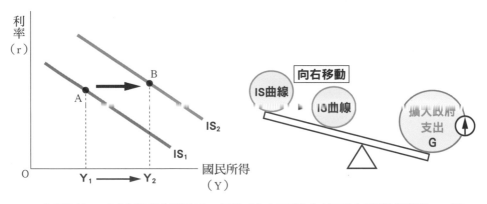

同樣的，在減稅的情況下，因為減少了稅金使可支配所得增加，消費（C）也因此增加，由於需求擴大，令IS曲線向右移動。

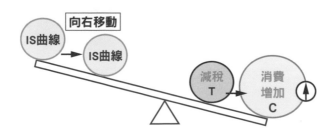

緊縮性財政政策

　　當景氣處於過熱的狀態下時，實施減少政府支出（G）或增加稅收（增加T）的政策。這些需求的減少會使IS曲線向左移動。

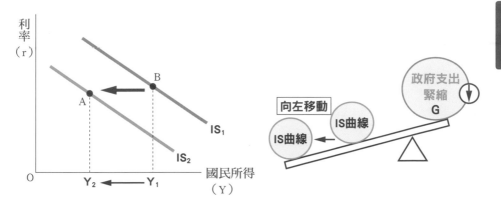

　　在增加稅收的情況下，因為增加稅金（T）使可支配所得減少，使消費（C）也減少，由於需求縮小，使IS曲線向左移動。

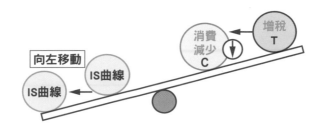

4 LM 曲線的描繪方式

　　稱為 **LM曲線** 的圖表是顯示在貨幣市場均衡時的利率（r）與國民所得（Y）間的關係。

　　LM曲線的L是根據貨幣需求（M^D）的關係，也稱為 **流動性偏好**（Liquidity preference），使用了它的英文字首作為代稱，這個L的內容是由交易的動機 L_1 與預備的動機 L_2 合計起來構成的（請參閱Unit 11）。

　　另外，LM曲線的M是使用了貨幣供給（M^S）=Money Supply 或是 Money Stock 的英文字字首。

所謂貨幣市場均衡，是指貨幣需求方的貨幣需求（M^D）與供給方的貨幣供給（M^S）相等的意思。以在此所決定的利率所產生的變化為背景，使用LM曲線可做為一項有效工具來調查貨幣政策的有效性。

　　進行下列步驟來導出LM曲線。

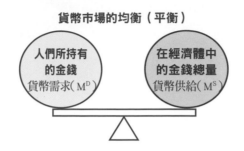

步驟1　基於交易動機、預備動機的貨幣需求

　　我們來復習貨幣需求當中，有關基於交易動機、預備動機的二種貨幣需求。

　　所謂貨幣需求（M^D），就如同字面上的意思：「**為何要持有金錢（貨幣）？**」而被稱為交易動機是指為了購買物品所持有的金錢。像購物這種「交易」，會隨著所得愈多也隨之增加，而基於交易動機的貨幣需求則與所得間有相依關係。

　　同樣的，為了意外支出而持有的預備金是基於預備動機的貨幣需求，它也會隨著所得多寡而增減。

　　簡而言之，無論是基於交易動機以及預備動機的貨幣需求，都是以與**所得相依的函數**來表現。將兩者分類為L_1，形成當所得增加時L_1也會增加、當所得減少時L_1也會減少的關係。

L_1（基於交易動機以及預備動機的貨幣需求）是與所得相依的函數。

步驟2　基於投機動機的貨幣需求

所謂基於投機動機的貨幣需求是指思考：「為何持有金錢？」並不是指荷包當中的現金，而是以持有類似**私房錢的資產**來思考。

把要如何儲存資產分為「持有現金好呢？還是持有債券好呢？」二種選項來思考時，像債券這樣會產生利息的方式比較理想；然而由於債券的價格是依賴利率來決定，因此當利率低迷時，債券價格也會下滑（請參閱Unit11），此時購買較有利益。

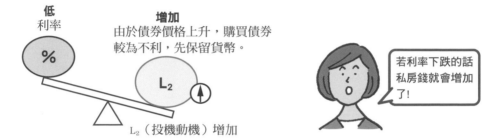

當利率下跌，債券價格上漲時，已持有債券的人應該會在此時出售，而在此時購買債券的人就有可能導致資產的損失。在這種情況之下，以私房錢形式的貨幣型態來持有的人應該會增加。而以這種私房錢性質所保留的「資產」貨幣以 L_2（基於投機動機的貨幣需求）來稱呼。L_2（基於投機動機的貨幣需求）是若利率下跌就會增加，與利率相依的函數。

貨幣需求（M^D）是由 L_1 與 L_2 所構成，以下列公式來表現。

$$\boxed{(M^D)\ 貨幣需求 = L_1 + L_2}$$

步驟3　貨幣市場均衡（需求與供給相等）

接下來導出LM曲線來表現貨幣供給（M^S）。貨幣供給（M^S）是指現金量，但雖說是現金量，也分為票面價值上的名目貨幣供給和以物品來測量的**實質貨幣供給**這二種看法。

關於貨幣市場，由於是以需求方購買物品或購買債券為前提，因此供給方也以物品來測量的實質貨幣供給為基礎。

$$M^s（實質貨幣供給）$$

$$M^s = \frac{名目貨幣供給（M）}{物價（P）}$$

實質貨幣供給$\left(\dfrac{M}{P}\right)$會因為分子的名目貨幣供給（M）增加或是分母的物價下跌而變大。

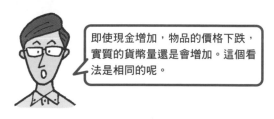

反過來說，當分子的名目貨幣供給（M）減少，或是分母的物價上升時，實質的貨幣供給就會變小。

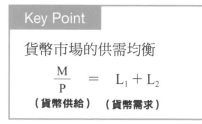

即使現金增加，物品的價格下跌，實質的貨幣量還是會增加。這個看法是相同的呢。

且貨幣市場達到均衡，總之，貨幣的需求與供給相等的情況會以下列方式來表現。

Key Point

貨幣市場的供需均衡

$$\frac{M}{P} = L_1 + L_2$$

（貨幣供給）　（貨幣需求）

將這個公式製作成LM曲線，LM曲線是顯示貨幣市場均衡狀況下利率（r）與國民所得（Y）的關係公式。在這個供需均衡式當中與利率及國民所得有關的僅有貨幣需求方。

總之，透過LM曲線的形狀，可以判斷需求方產生了什麼樣的變化。讓我們把公式展開來看看內容是什麼吧。

步驟4　利率（r）與國民所得（Y）的關係①

在貨幣市場均衡（供給與需求相等）的情況下，將步驟1至步驟3的流程連結，說明利率（r）與國民所得（Y）的關係。

流程1　　　當所得增加，L_1（基於交易動機以及預備動機的貨幣需求）增加。

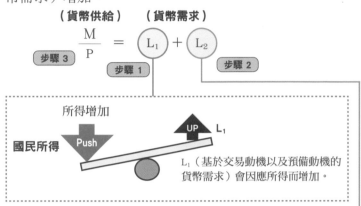

（貨幣供給）　　（貨幣需求）

$$\frac{M}{P} = L_1 + L_2$$

步驟3　　步驟1　　　　步驟2

所得增加

國民所得　Push　　UP L_1

L_1（基於交易動機以及預備動機的貨幣需求）會因應所得而增加。

由於所得增加時 L_1 也會增加，貨幣市場上貨幣需求較多，會呈現稱為**超額需求**的情況。但是由於貨幣供給不會有所改變，為使供需再度平衡，就必須讓所得變化以外的要因使貨幣需求縮小，達成供需一致。

流程2　　　當利率上漲時，L_2 就會減少。

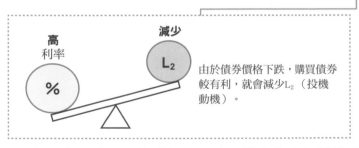

高
利率

減少

L_2

%

由於債券價格下跌，購買債券較有利，就會減少 L_2（投機動機）。

若利率上升，則債券價格下跌。就會拿出私房錢來購買債券，身為私房錢的 L_2（基於投機動機的貨幣需求）就會減少。

彙整流程順序。

（貨幣供給）
$$\frac{M}{P} = L_1 + L_2$$
（貨幣需求）

所得 ↑　利率 ↑

荷包裡的現金、私房錢
……使用方法不同呢。

首先,當與國民所得(Y)增加時,由於L_1增加,貨幣需求也增加,因而破壞了供需平衡。

因此,若利率上漲,由於L_2減少的關係,貨幣需求也減少。簡而言之,當薪水增加時,雖然錢包裡的現金增加了,但因為私房錢減少了,自己所持有的現金(貨幣需求)與原本的水準相同,因此形成了供需一致的情形。

步驟5　利率（r）與國民所得（Y）的關係②

接下來我們把步驟4反過來,再度確認利率(r)與國民所得(Y)的關係。(這裡只要有印象就可以了!)

在這裡,我們設定所得減少的情況。

（貨幣供給）　　（貨幣需求）
$$\frac{M}{P} = L_1 + L_2$$

步驟3　步驟1　步驟2

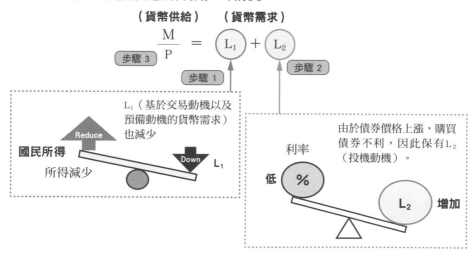

L_1（基於交易動機以及預備動機的貨幣需求）也減少

Reduce

國民所得

所得減少　Down　L_1

由於債券價格上漲,購買債券不利,因此保有L_2(投機動機)。

利率

低　%　L_2　增加

所得減少時 L_1 也跟著減少，貨幣市場上的貨幣需求變小，呈現超額供給的狀態。但是，由於貨幣供給沒有產生變化的關係，為了使貨幣的供需再次達到平衡，必須讓所得變化以外的要因使貨幣需求放大，供需達到一致。

若利率下跌，債券價格上漲，購買債券不利，就會再度以私房錢的貨幣形態來儲存資產。

也就是說，L_2 會上升。

（貨幣供給）（貨幣需求）
$$\frac{M}{P} = L_1 + L_2$$
所得 利率

結果證明了和步驟4有相同的結果呢。

彙整前面所說的，首先當國民所得減少時，由於 L_1 減少的關係使貨幣需求跟著減少，會造成供需失衡。

其次，若利率下跌，則會因為 L_2 上漲使貨幣需求增加。簡單來說，就是薪水變少，使荷包縮水，但卻會因為私房錢增加的關係，自己持有的金錢（貨幣需求）回到原本的水準，達到供需一致。

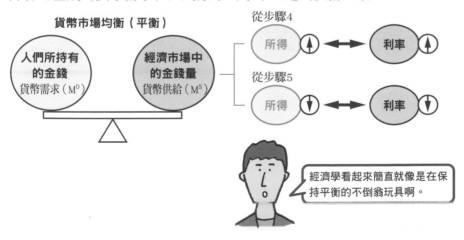

貨幣市場均衡（平衡）

人們所持有的金錢 貨幣需求（M^D）

經濟市場中的金錢量 貨幣供給（M^S）

從步驟4
所得 ↔ 利率

從步驟5
所得 ↔ 利率

經濟學看起來簡直就像是在保持平衡的不倒翁玩具啊。

接下來我們將繪製代表貨幣市場均衡的利率（r）與國民所得（Y）關係圖表的 LM 曲線。LM 曲線並非所謂「若所得增加，利率就會上漲」的關係式，而是顯示「**貨幣市場均衡**的情況下，利率與國民所得組合」的圖表。

也就是說，圖表的意義是 LM 曲線上所顯示的貨幣需求與供給經常屬於一致的狀態。因此若是呈現出國民所得增加，利率也上升的圖表，表示是可以達成的。（換句話說，脫離 LM 曲線時會破壞供需平衡）。

繪製出縱軸為利率（r），橫軸為國民所得（Y）的圖表，也有橫軸為 GDP（國內生產毛額）來說明的情況。

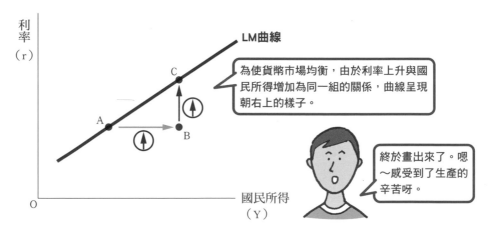

A 點為貨幣市場上需求與供給一致的情形，由此跟隨綠色箭頭向右前進，也就是由於國民所得（Y）增加，L_1 也跟著增加。L_1 是貨幣需求（M^D）的其中之一，因此 L_1 增加時貨幣需求也會增加，而 B 點則為「**需求 > 供給**」的情況，會發生供需失衡。

　　然而，若從B點跟隨著紅色箭頭向上方移動，也就是利率上升時，債券的價格會下跌，此時購買債券較為有利，因此會選擇購買債券，做為資產的貨幣L₂就會減少。L₂是貨幣需求（M^D）的其中之一，因此L₂減少時貨幣需求也會減少。即使L₁增加，但也會因為L₂減少，再度回到C點「需求＝供給」的情況，使貨幣市場的需求與供給呈現相等。像這樣將達成供需平衡的A點與C點連結起來的就是LM曲線。如上圖般呈現朝右上的形狀。

5 LM曲線的移動

　　最後讓我們來思考一下關於LM曲線的移動吧。表示貨幣市場均衡的LM曲線，若實質貨幣供給（M^S）增加時會向右移動，若實質貨幣供給（M^S）減少時則會向左移動。

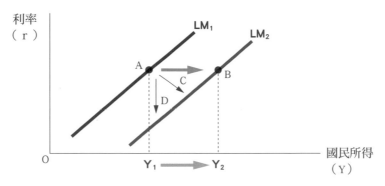

　　但是即使從LM₁向右移動到LM₂，實質貨幣供給（M^S）增加，為了使它與貨幣需求（M^D）一致，就要增加所得或是降低利率，或是兩項同時作用。根據情況也可以讓它如同A到C這樣朝**右下**移動，或像由A到D這樣**向下**移動。然而，一般來說會呈現出「在貨幣市場上，若實質貨幣供給增加，LM曲線會向右移動」的狀況。在考試時也經常會看到「朝右（下）移動」的說明文字。

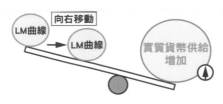

反過來說，當實質貨幣供給（M^s）減少，LM曲線會向左移動。在此時也可以視為朝**左上**移動或朝**上方**移動。然而，一般會以「在貨幣市場上，若實質貨幣供給減少，LM曲線會向左移動」來說明。

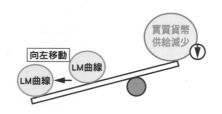

分析實質貨幣供給（M^s）增減的LM曲線就是**貨幣政策**。

貨幣政策是日本銀行透過強力貨幣來控制貨幣供給的增減。

關於LM曲線的移動與金融政策，將在Unit 15繼續說明。

練習題

下列圖表與IS曲線、LM曲線相關的A、B、C、D四點的述敘何者較為妥當？

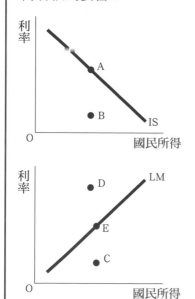

1. A點為產品市場發生超額需求。

2. B點為產品市場發生超額供給。

3. C點為貨幣市場發生超額需求。

4. D點為貨幣市場呈現均衡狀態。

5. E點為貨幣市場發生超額供給。

（地方上級　改題）

【解說】

1. × IS曲線上的A點為供給與需求相等的點。

2. × B點低於IS曲線上的利率,因此投資增加。投資為需求項目的其中之一,B點為需求>供給,產生了超額需求。

3. ○ C點低於LM曲線上的利率,因此購買債券較為不利,會將貨幣當做資產持有。產生需求>供給的超額需求。

4. × D點高於LM曲線上的利率,購買債券較為有利,因此會放棄現金改買債券做為資產,減少貨幣需求並產生需求<供給的超額供給情況。

5. × 由於E點位於LM曲線上,為貨幣市場均衡的狀態。
   綜上所述,**正確答案為3**。

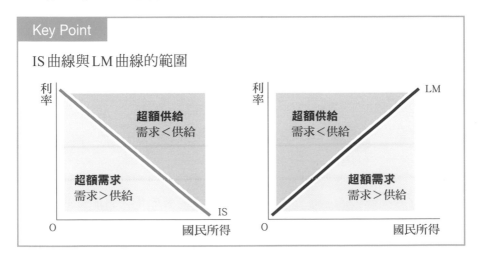

Key Point

IS曲線與LM曲線的範圍

6 古典學派的貨幣市場

　　凱因斯主張現金量增加或減少的貨幣政策會使利率發揮作用刺激有效需求,並提供就業或所得等經濟影響。

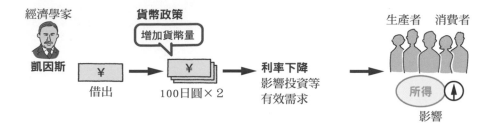

然而，在凱因斯之前的古典學派，並沒有貨幣量對經濟影響的思考方式，即使現金增加，也只有物價會上漲，以「貨幣中立性」將經濟與貨幣分離思考。

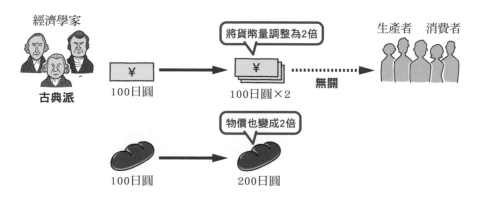

在沒有印刷技術，並且無法像今天這樣輕易增加產量的時代，若要增加貨幣，就要先暫時把金幣熔化，減少一半金幣的含有量並發行2倍的貨幣。

當然，即使貨幣量增加了，但每一枚金幣的價值卻少了一半。相對的，一枚金幣所能購買的物品價格就變為2倍。交換比例幾乎是完全沒有變化的情況，因此認為貨幣量對經濟沒有影響。

TOPIC

古典派認為貨幣量的多寡與經濟無關，並主張增加貨幣供給只會使物價上漲。

Unit 15

在景氣嚴峻時貨幣政策是無效的

IS－LM分析②
排擠效果（Crowding out）

　　本單元將透過IS曲線、LM曲線的移動顯示該策略的有效性，並且將透過IS－LM分析來闡明為何古典學派以消極態度面對財政政策。

政府應該積極介入市場。

對政府介入持保守看法。

政府

凱因斯　　　　　　　　　　　　　　　　　　古典學派

1　產品市場、貨幣市場同時均衡

　　由於已經導出了IS曲線、LM曲線，我們將它們一起畫出來。

　　了解IS曲線是產品，也就是物品的需求與供給相等的圖表，而LM曲線則是貨幣，也就是金錢的需求與供給相等的圖表。透過繪製這兩者的圖表，同時決定了國民所得（Y）與利率（r）。

　　而所謂的均衡點是指即使沒有立即決定，但最後也會到達的那個點。

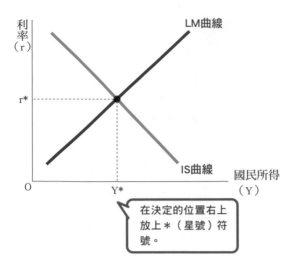

使用 IS 曲 線、LM
曲線的IS—LM分析，就
像這樣同時觀察國民所
得（Y）與利率（r），
並判斷經濟情勢。在
此，我們將重新說明為
何必須同時描繪LM曲
線。

在決定的位置右上
放上＊（星號）符
號。

因為物品賣不出去會產生
失業，所以只分析產品市
場不是比較好嗎？

但是，物品終究是與金錢
連結在一起的，不是嗎？

　　凱因斯的經濟學是以「有效需求原則」的思想為根基。無論生產者
生產多少物品都沒有意義，他主張拿出金錢購買的行為，也就是有效需
求的總量、「支付金錢」的行動才會帶動經濟。

　　當然，大量生產，若物品賣不完無法回收金錢，生產者就會產生失
業的情形。因此，我們學習了政府介入對擴大有效需求的有效性。且若
需求擴大，國民所得也會增加。

　　另一方面，「支付金錢」也會受到利率極大的影響。例如，需求項
目當中，投資（I）為帶動經濟的重要動力時，這項投資會因利率下跌
而增加。

　　再來，即使只單看貨幣市場，若是預設將來債券價格會上漲的情況
下，人們會思量現在買進債券，等它價格上漲時再出售就可以賺錢了。
如此一來，為了不錯失良機，就會取出私房錢並購買債券。若私房錢一
直處於放置不用的狀態，無論何時經濟都不會好轉。

　　這樣看來，人們「支付金錢」的行為也與利率息息相關。

凱因斯主張不只是物品的需求與供給，貨幣也對實體經濟帶來很大的影響。

從個人的觀點來看待經濟，沒有失業、能確實領到新水維持生活就是理想，但所得增加如果還是很重要呢！

在生產者的觀點上，所得增加當然是最重要的，但是由於投資或購買類似債券的金融資產，因此也會不時留意利息（利率）如何變化。

　　接下來讓我們邊看IS曲線、LM曲線的移動，一邊認識國民所得與利率的狀況吧。

透過同時描繪IS曲線、LM曲線，能夠看到產品市場及貨幣市場的均衡狀態。

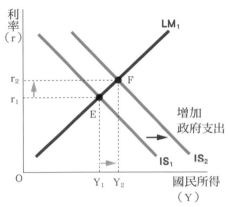

　　觀察從E點到F點的狀況就可以明白，國民所得 $Y_1 \rightarrow Y_2$ 增加的同時，利率也會上升（$r_1 \rightarrow r_2$）。

　　同樣的，（如同下頁圖片）在均衡點E增加貨幣供給量做為貨幣政策。將LM曲線向右移動，完成新的均衡點G。

　　而觀察從E點到G點的狀況就可以了解，國民所得（$Y_1 \rightarrow Y_2$）增加的同時，利率也會下跌（$r_1 \rightarrow r_3$）。

　　思考看看關於貨幣政策的實施和LM曲線的移動吧。雖然國民所得增加了，但是國民所得的總量原本就取決於有效需求原則的需求總量。

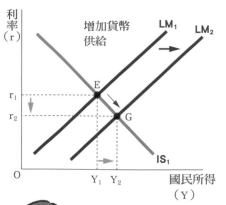

擴張性貨幣政策

貨幣供給增加 M^S ↑ ┈┈► LM曲線向右移動 ┈┈► 利率 ↓ 國民所得 ↑

觀看圖表可以解讀到，由於利率下降使投資擴大，**IS曲線上E點移動至G點**，使國民所得增加。

確實，只看IS曲線的話，當利率下跌，從IS曲線的線上移動可以看出國民所得變多了。

除非有特殊條件，否則無論是金融和貨幣政策都是有效的呢。

2　古典學派提出的財政政策無效主張

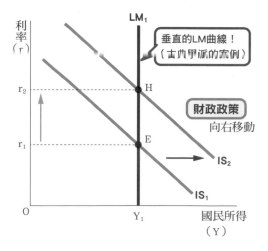

垂直的LM曲線！
（古典學派的案例）

財政政策
向右移動

古典學派對於政府介入市場並執行財政政策的看法持否定意見。我們以左圖來說明。

表示貨幣市場的需求與供給相等的LM曲線被繪製成與橫軸垂直的型態。

這是因為古典學派認為貨幣需求（M^D）只與所得（Y）相依，與利率毫無關係。（與利率有多少％無關，簡單來說不管利率是1％、20％、80％都無關，所以呈現出垂直的型態）。

在這樣的情況下若實施財政政策的話會如何呢？

當執行財政政策時，IS 曲線會向右移動。我們可以了解到，均衡點從 E 點移動至 H 點，但由於 LM 曲線是垂直的關係，國民所得的總量 Y_1 並不會改變，只有利率會上升（$r_1 \rightarrow r_2$）。

國民所得不會增加的理由如下。當利率上漲時，民間投資就會減少。這是因為，即使實施政府支出（公共投資）為一項財務政策，由於利率上升，用於該項政府支出的民間投資就會減少。因此，國民所得的水準就會維持在 Y_1 毫無變化的情況。

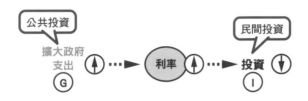

舉一個政府介入市場並進行公共投資的例子，假設在某個地區要建築一條由國家經營的鐵道。在這樣的情況下，就會形成原本計畫在這個地區修建鐵道的民營鐵道公司，被政府的公共建設奪走了投資機會的狀況。這種政府支出的增加使利率上升，並使民間投資減少的情形被稱做**排擠效果（Crowding out）**。

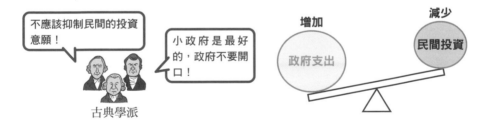

此外，古典學派主張的特徵在於它會造成**100%的排擠效果**。換句話說，由於政府支出的部分會抵銷民間投資，最後一加一減變為零，因此國民所得一點也沒有受到影響。

這樣的政府活動會抑制民間的投資意願，因此古典學派對於財政政策抱持反對的意見。

原來如此，古典學派的主張有他的道理呢。比起政府什麼都要介入，民間部門的活躍更為重要。

 由於凱因斯假設的是景氣嚴峻的時期，在那個時候對於民間投資是不能有任何期待的呢。

3 凱因斯的排擠效果

　　凱因斯也認同透過執行財政政策，導致利率上漲，使投資受到抑制的看法。但並不是如同古典學派提出的100％排擠效果，他主張只有部分會互相抵銷，但還是會有使國民所得增加的效果。

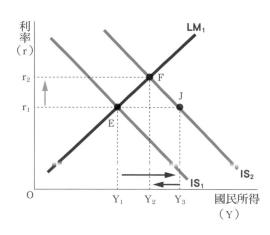

　　在產品市場分析（45度線分析）時，我們學習透過政府支出會帶來乘數倍數的外溢效應。透過左圖中IS曲線的移動，對應出從E點移動到J點的幅度。

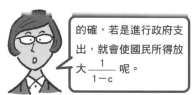 的確，若是進行政府支出，就會使國民所得放大 $\frac{1}{1-c}$ 呢。

　　乘數倍數的外溢效應會使國民所得由 Y_1 增加到 Y_3，但是由於利率上升的關係，這個部分會產生排擠效果，使國民所得由 Y_3 返回到 Y_2 的水準。

　　總之，我們可以了解到國民所得從 Y_3 退回到 Y_2 所減少的部分是由於排擠效果失去了部分的需求。

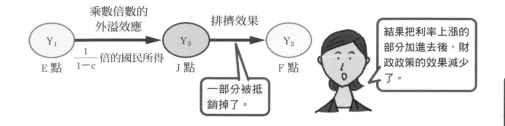

Key Point

關於財政政策，古典派認為會產生100％的排擠效果，因此是無效的。但是凱因斯則主張只有部分的排擠效果，因此財政政策是有效的。

練習題

下列的 A 至 B 圖，縱軸為利率，橫軸為國民所得所繪製出的 IS 曲線及 LM 曲線。然而，B 圖的 LM 曲線與橫軸垂直。關於下圖各別的說明何者正確？

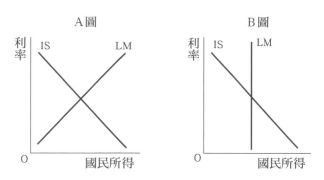

A圖

B圖

1. A圖上，實施貨幣政策使 IS 曲線朝右（上）移動，結果會使國民所得增加，利率也上漲。

2. A圖上，實施財政政策使 LM 曲線朝右（下）移動，結果會使國民所得增加，利率也上漲。

3. A圖上，實施貨幣政策使 IS 曲線朝右（上）移動，會因為利率上升造成部分的排擠效果，但國民所得仍會增加。

4.　B圖是100％的排擠效果，由於能夠使國民所得增加，因此財政政策有效。

5.　B圖是凱因斯所預設在大蕭條的經濟當中所看到的LM曲線特殊情況，引起部分的排擠效果。

（地方上級　改題）

【解説】

1.　×　實施貨幣政策LM曲線會朝右（下）移動，結果會使國民所得增加，利率下跌。

2.　×　實施財政政策IS曲線會朝右（上）移動，結果會使國民所得增加，利率上漲。

3.　○　實施財政政策IS曲線會朝右（上）移動，引起利率上升並誘發排擠效果，但國民所得仍會增加。

4.　×　古典學主張100％排擠效果會使財務政策無效。

5.　×　由於LM曲線為垂直狀態，因此是古典學派所提出的100％排擠效果。綜上所述，**正確答案為3**。

Unit 16

不在降低工資上妥協

勞動市場分析
要如何解決失業問題呢？

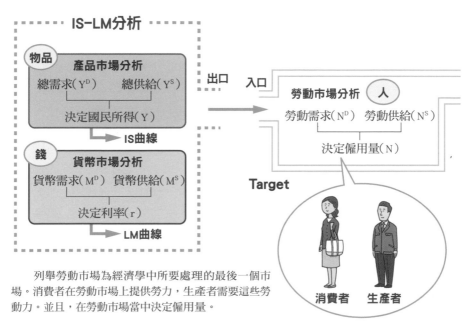

IS-LM分析

物品
產品市場分析
總需求（Y^D）　　總供給（Y^S）
決定國民所得（Y）
→ IS曲線

錢
貨幣市場分析
貨幣需求（M^D）　貨幣供給（M^S）
決定利率（r）
→ LM曲線

出口　　入口

勞動市場分析　（人）
勞動需求（N^D）　勞動供給（N^S）
決定僱用量（N）

Target

消費者　　生產者

　　列舉勞動市場為經濟學中所要處理的最後一個市場。消費者在勞動市場上提供勞力，生產者需要這些勞動力。並且，在勞動市場當中決定僱用量。

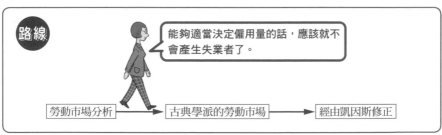

路線

能夠適當決定僱用量的話，應該就不會產生失業者了。

勞動市場分析 → 古典學派的勞動市場 → 經由凱因斯修正

※在經濟學當中使用英文Labor來做為勞動的代號，但是有許多字首為L的單字，因此在凱因斯體系當中使用 **N（Number）** 為代號。為什麼不使用L呢？這是因為L已被使用於貨幣需求的關係。我們使用N^D做為勞動需求， N^S做為勞動供給。

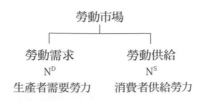

$$勞動市場$$

勞動需求	勞動供給
N^D	N^S
生產者需要勞力	消費者供給勞力

古典學派的勞動市場思維模式

為了進行生產,「勞力」在勞動市場上被交易。

它們與產品市場上的產品、貨幣市場上的貨幣相同,勞動也有需求與供給。如同物品被交易時決定該物品的價格一般,工資也取決於勞動市場上給予勞力的價格(所謂工資,換個說法就是指「勞動的價格」。)

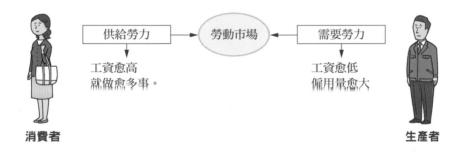

供給勞力	→ 勞動市場 ←	需要勞力
工資愈高就做愈多事。		工資愈低僱用量愈大

消費者 ・・・ **生產者**

目前我們所學到的都是提到所謂「支付金額」的需求總量會帶動經濟,但是消費者為了支付金錢購買物品,需要所得,工作就必須得到薪水。因此,消費者在購買之前,應該會想盡量從事工資較高的工作。而這種消費者進行工作的行為在經濟學上被稱為「提供勞力(**勞動供給:** N^S)」。

另一方面,生產者也為了增加生產量,想要盡量支付低廉的薪資並僱用更多的勞動者。像這種生產者僱用勞動者的行為在經濟學上稱為「需要勞力(**勞動需求:** N^D)」。

如果要打工的話，時薪高的地方比較好，也會想多做一點。

但是對僱用打工者的店來說，時薪高的情況下就會想減少僱用量或上班時間。

另外，勞動價格，也就是所謂的工資，分為從票面來看的名目工資及用物品來測量的實質工資，但是在這裡所使用的是**實質工資**。

為什麼使用實質工資呢？讓我們思考看看下列的理由吧。例如，假設1990年代的名目所得（當時的票面上的所得）是1960年代的10倍。但卻不能單純地說所得「增加」了！

為什麼呢？這是因為60年代與90年代這段期間，物價顯著飛漲的關係。如果物價成長了10倍，實質所得幾乎沒有增加。像這樣把物價考量進去的所得稱為實質所得。實質所得的來源是，每小時能夠獲取的工資。因此，工資並不是按面額計算的名目工資，而是使用實質工資來進行說明。

首先，探討勞動市場論點時，先以個體經濟學為前提的古典學派立場進行思考。思考方式和產品市場是相同的。

產品市場　在產品（物品）市場上供需平衡及價格機制

古典學派所假定的產品市場上，價格會發揮上下調節的機能，物品不會有不足或剩餘的狀況，並假設需求與供給經常一致的情況。

例如，假設某產品的價格比市場價格還要高。若可以用高價出售，生產者就會大量生產的緣故，結果最後市場充滿了該產品（**超額供給**）。然而當產品有剩餘時生產者就無法回收款項，為了能使產品銷售出去，就會把價格調降。最後回到需求者願意購買的價格水平。

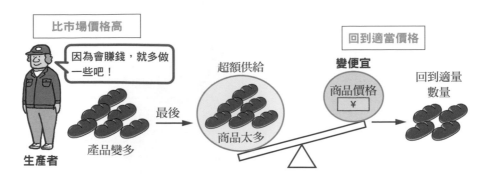

反過來，如果某樣產品的價格比市場價格低的話又會如何呢？因為價格低，生產者就不太願意生產，進而造成市場上產品不足，使想購買的人買不到產品（**超額需求**）。在產品稀少的情況下，需求者會認為即使高價也想要購買。若「想要」的需求上升，就會使價格上漲。最後來到需求者及供給都能接受的價格，為了因應需求，生產者就會重新開始生產，回到供需平衡的情況。

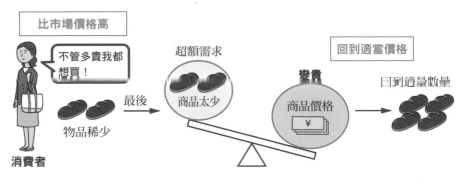

像這樣若發生超額供給時價格就會下跌，若發生超額需求時價格就會上漲的機制，來實現需求與供給一致的**理想價格及交易量**。

古典學派對這樣的價格調整作用充滿信心，並相信**市場的力量**能夠消除不平衡的情況。

勞動市場　　勞動市場的調整機制

接下來，相同的調節機制也可以應用到勞動市場當中。

舉例來說，假設需求與供給一致的實質工資為 1,000 日圓時，但是現在基於某種原因使實質工資上升為 1,200 日圓。

在這個情況下，由於工資較高，想要工作的勞動供給超過了想要僱用的勞動需求，產生了**勞動超額供給**的狀況。而這種勞動超額供給（想要工作的人太多）成為了古典學派所認定的「**失業**」。

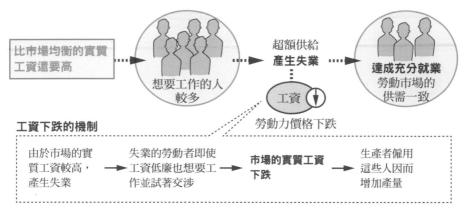

古典學派認為這種失業情況能夠依市場的力量來消除。即使工資比現行水準低，失業勞工仍然還是願意工作，企業能夠以較便宜的工資僱用，且能夠透過僱用使生產擴大。因此，我們認為若現在市場上發生超額供給的情況時，實質工資將會下跌。

如此一來，古典學派認為的勞動市場，由於實際工資（勞動價格）的彈性會變動，所以失業只是**暫時性**的，最終仍會實現供需均衡的勞動力市場。

反過來說，假設當需求與供給一致的實質工資為1,000日圓，但是現在，由於某種原因使實質工資降低為800日圓。這個情況下，由於工資低廉的關係，使想要工作的勞動供給少於想要僱用的勞動需求總量，產生了**勞動的超額需求**。這種勞動超額需求的勞動市場陷入「**人手不足**」的情況。

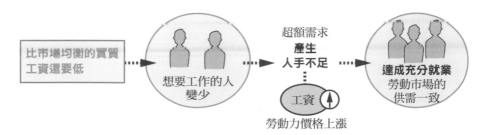

古典學派認為人手不足的情況也能夠透過市場的力量來消除。由於人手不足，生產者會提高現行的實質工資，僱用勞動者並且擴大生產。當然，若是提高實質工資，有意願工作的勞動者就會增加了吧。因此，他們認為若現在市場上發生了超額需求的情況時，實質工資將會提升。

如同上述，由於他們認為實質工資，也就是勞動力價格的彈性變動，產生了暫時性的不均衡，但最終仍會實現供需均衡的勞動力市場，總是能夠透過**市場的力量**來達到**充分就業**。

經濟學者

恆常達到充分就業狀態

不需要政府介入，市場的力量會解決。

古典派

使用古典學派的思考方式，解決失業的方法是以降低市場實質工資為前提呢。

是啊，古典學派認為基本上所有生產出來的產品都會全部售出，若能夠擴大生產量就能夠支付受僱者工資。

2 凱因斯派的勞動市場思維模式

1930年的「**經濟大蕭條**」時，美國的失業率超過了24％，產生大量失業人口，發生所得大幅下跌的情形。

這種型態的失業，就難以用古典學派所主張的暫時性問題來思考，也產生了無法只用古典學派的經濟學來說明的問題，因此凱因斯修正了古典學派的勞動市場分析法。

《參考》凱因斯認同古典派的勞動市場

凱因斯將以個體經濟學為前提的古典學派勞動市場思考模式視為「古典學派準則」。首先，勞動需求以生產者的利益最大化行動為前提（**古典派的第一準則**），勞動需求則以消費者的效益最大化為前提（**古典派的第二準則**），因此修訂了第二準則。

因為古典學派並不稱呼自己為古典學派。因此「古典學派準則」這個名詞是由凱因斯主張並且命名。

以凱因斯的思考模式,透過有效需求原理,先在產品市場決定需求的總量後,供給的總量(生產的水準)會因應它與需求相等。按照供給量再決定應該僱用的數量。

換句話說,無法像古典學派說的那樣,盡可能地僱用更多的人來增加產量。無論如何都僅止於需求的總量。

並且凱因斯所假設的是工資難以下降的情況。

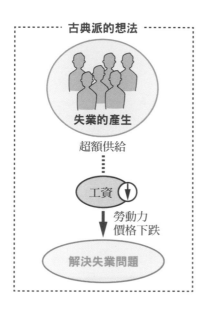
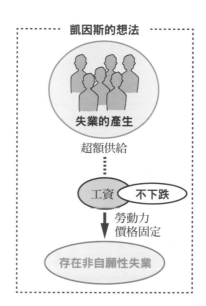

這個「工資難以下降」的背景,是由於當時**存在了勞動組合的壓力或最低工資等制度上的制約**,身處於工資難以變動的環境。由於有所謂最低工資下限的關係,使工資無法調節至最低工資以下的金額(即使想要調整也會遭受強烈的反抗)。換句話說,在發生失業問題時,失業將會依循這個新資下限的水平。

這種「工資不會低於下限」的情況稱為工資有「**向下僵固性**」。發生失業的原因非像古典學派所認為的是「由於工資太高」。在現行工資條件之下都有勞動的意願。然而由於工資不會再下跌的關係,總是持續

處於超額供給的情況，因此造成了即使想以現行工資工作卻無法工作的**非自願性失業**。

　　有這樣的失業者存在時，即使未達到充分就業，勞動市場也仍然處於供需平衡的狀態。

※凱因斯認為以使消費者效益最大化為前提來供給勞動力，這必須超越充分就業的水準才能到達。總之在發生非自願性失業、未達到充分就業的經濟體，勞動者會依循這項制度上所制定的最低工資進行修正。

> **Key Point**
>
> 　　凱因斯所預設的勞動市場受到制度的制約，因此降低貨幣工資的壓力強勁，造成想以現行工資水準繼續工作卻無法工作的非自願性失業的情況。

3　消除非自願性失業

　　讓我們來思考當發生非自願性失業時的解決策略。要做到這一點，我們必須考慮降低因體制向下僵固性所造成實質工資僵固的方法。讓我們假設下列的情況。

情況1　考量關於實質工資

　　首先應該最先考量的應該是有關於實質工資的部分。所謂實質工資是指以物品來測量的工資，分子為**名目工資（又稱貨幣工資）**，以 w 做為代號。再除以分母的物價（P）的方式計算。

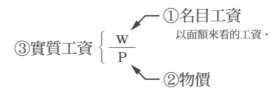

③實質工資 $\dfrac{W}{P}$　┌─①名目工資　以面額來看的工資。
　　　　　　　　　　└─②物價

情況2　物價上漲

　　由於受到制度性的制約，分子的名目工資（w）無法降低（勞動者

不同意），但是若將分母的物價（P）調漲，分數本體的數字就會變小，就有可能降低實質工資。

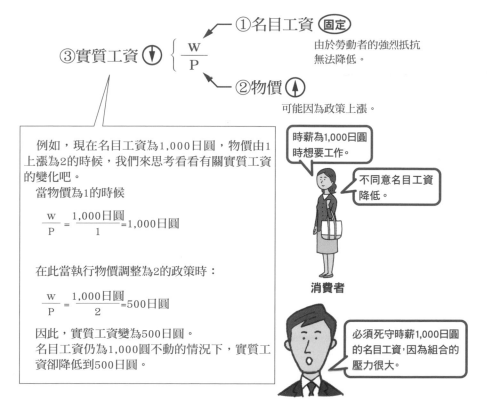

　　在此所說的是當實施提高物價，降低實質工資的政策，但是將物價調漲不會造成問題嗎？這一點留下了問號。在此凱因斯設定勞動者們陷入**貨幣錯覺**的迷思為前提，這是指勞動者沒有考慮到物價，僅考量到名目工資（貨幣工資），僅視貨幣面額來供給勞力的思考方式。

　　這是因為古典學派認為勞動者按照工資的實際步調行事，所以勞動者是實質工資的函數，而凱因斯則說明了不考慮價格的**名目工資（貨幣工資）函數**。

　　簡而言之，即使物價上漲使實質工資降低，若名目工資固定，我們認為以這項名目工資水準為基礎，實現使勞動供給，並消除非自願失業。

情況3　實施喚起總需求的政策

現在，得到的是在勞動市場提高物價的結論。消除包括產品市場、貨幣市場和勞動力三個市場上的非自願性失業的藍圖如下所示。

①政府積極介入市場，透過財政政策擴大有效需求使國民所得增加。（若在大蕭條時，財政政策比貨幣政策有效）。

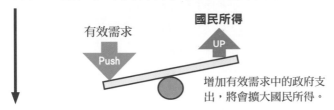

增加有效需求中的政府支出，將會擴大國民所得。

②將需求進一步擴大，**喚起需求使物價也推升**。

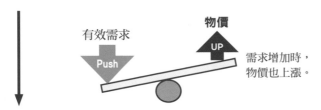

需求增加時，物價也上漲。

③透過物價上升，將實質工資壓低，使僱用擴大，在消除自願性失業的同時也達成了充分就業。

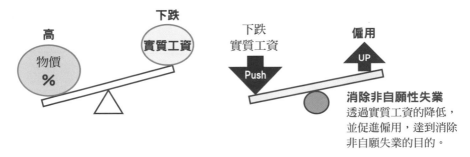

消除非自願性失業
透過實質工資的降低，並促進僱用，達到消除非自願失業的目的。

Key Point

　　凱因斯主張政府要積極介入市場，透過執行財政政策來創造有效需求，與促進僱用或所得增加有互相牽連的關係。在經濟大蕭條下的經況，必須實施能刺激景氣、喚起總需求（擴大）的政策。

練習題

關於古典派以及凱因斯的僱用當中，下列哪一項較為妥當。

1. 凱因斯認為，當物價上漲，即使貨幣工資（名目工資）固定，僱用量也會增加。

2. 關於勞動供給，古典學派主張貨幣工資（名目工資）的函數，但凱因斯認為是以實質工資的函數，在到達充分就業的水平之下，實際工資率都是固定的。

3. 古典學派否定非自願性失業的存在，他們認為即使貨幣工資（名目工資）沒有彈性，也能使充分就業實現。

4. 根據凱因斯所說，勞動需求與供給的交叉點恆常維持在充分就業的狀態之下。

5. 根據古典學派的說法，他們認為由於工資有向下僵固性，勞動者不同意降低名目工資。

（地方上級　改題）

【解說】

1. ○　凱因斯主張透過提高物價，使僱用量增加。

2. ×　古典學派為實質工資函數，而凱因斯則是貨幣工資（名目工資）函數。

3. ×　古典學派主張由於實質工資（勞動力的價格）有彈性，因此能夠僅依靠市場的力量來消除失業。

4. ×　古典學派認為充分就業恆常能夠實現，而凱因斯認為由於非自願性失業的存在，即使處於非充分就業的情況下經濟體依然成立。

5. ×　凱因斯認為。由於勞動市場呈現向下僵固性，受到制度性制約的關係使工資動彈不得。

綜合上述，**正確答案為1**。

包括產品市場、貨幣市場及勞動市場，感覺全都是環環相扣的呢。

以有效需求的原理為基礎，透過喚起需求的方式，失業問題也得以解決了。

運用在報紙或資料上出現的名詞！

國民經濟計算
使用統計學上的指標來觀察經濟

到現在為止的單元當中，透過對經濟理論上的分析，我們學習了如何掌握「國民所得」，而使用何種方式來使它增加或減少。在本單元，將把目前所學的國民所得替換為「統計」的GDP（國內生產毛額），並進行觀察。

如同在Unit 03當中已經學習到的，被當做掌握一個國家的經濟活動狀況尺規的GDP（國內生產毛額），是取英文Gross Domestic Product的字首縮寫。以「廣義的國民所得」，在本書當中做為國民所得來使用。它是以貨幣方式來表示出一段固定時間內**新創立的產品和服務量（附加價值）**。

可以將它們從三個方向（生產、所得、支出）來進行計測，我們將在下面簡單復習並進行下一個步驟。

附加價值的合計如同以下的計算方式。例如，被稱為衣服的物品並不是突然就完成的產品，而是漸漸形成它的價值。

最早先栽種棉花，再將它們製成棉線，進而製作成衣服。（在此我們把生產階段單純化，僅顯示三個階段）。

第1階段　　第2階段　　第3階段

棉花　→　棉線　→　衣服

只是完成一件產品，卻有各種不同的生產者呢。

不止是最後的產品，還有許多像製造原物料的人、製造燃料的人及運輸這些原物料人等等。

我們應用看看這些數字，棉花的生產額為20，棉線50，衣服90的情況下，扣除前一階段生產額的部分就是附加價值。

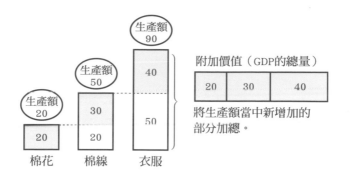

最終產品是衣服，為了生產這項最終產品所使用的原料（棉花或棉線）等稱為**中間產品**。（製造麵包時的中間產品是小麥或麵粉。）將中間產品的投入額扣除生產額即可計算出附加價值的數量，若沒有扣除中間產品的投入額會造成重複計算。

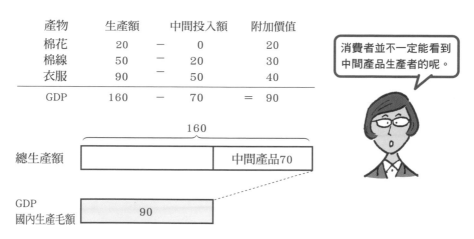

產物	生產額		中間投入額	附加價值
棉花	20	−	0	20
棉線	50	−	20	30
衣服	90	−	50	40
GDP	160	−	70	= 90

> 消費者並不一定能看到中間產品生產者的呢。

GDP（國內生產毛額）是從總生產額的160當中扣除70的中間產品，計算出90，按照三面等價原則可以計算如下。

①由生產品來計算可以測量出國內生產毛額（GDP）。

②由所得面（分配面）來計算可以得知，各生產者生產的部分所收取到的所得為 20+30+40=90。

③由支出面（總需求）來計算，支付於最終產品衣服的金額為90。

①總生產

由**生產面**計算　國內生產毛額（GDP）＝（20＋50＋90）－（0＋20＋50）＝90

②總所得

由**所得面**計算　國內所得毛額（GDI）＝20＋30＋40＝90

＝各生產者所得的合計

③總需求

由**支出面**計算　國內支出毛額（GDE）＝90　　＝最終消費產品的價格

　　國內生產毛額為 Gross Domestic Product 取其單字英文字首簡稱為 GDP，所得面的國內所得毛額與由支出面計算的國內支出毛額，則為下列單字的英文字首縮寫。

$\begin{cases} \text{國內所得毛額（GDI）Gross Domestic Income} \\ \text{國內支出毛額（GDE）Gross Domestic Expenditure} \end{cases}$

1 國內概念與國民概念

　　用二種概念來說明做為觀察經濟狀況尺度的廣義國民所得。也就是說，測量的項目當中，由於要計算的內容與不計算的內容不同，要分成以「國內」來看，或是以「國民」來看。

　　例如所謂「國內」概念的 GDP（國內生產毛額）是某個國家的**國內**（若是日本則是指日本領土之內）所生產的附加價值總額。相較之下，使用「國民」概念的 **GNP**（**國民生產毛額** Gross National Product），是指某個國家的**國民**在一定期間所產出的附加價值總額。

※使用 GNP 計算的國民是指「在這個國家居住超過半年以上的人」。另外，即使是日本人，若是在海外居住達 2 年以上也會排除在計算對象之外。

GDP（**國內**生產毛額）	GNP（**國民**生產毛額）
例如，無論是美國人或中國人，在日本國境內進行商務活動，產生出的附加價值都會列計入日本的GDP當中。 　　反過來說，日本人在美國賺的錢就不會列入GDP當中。	關於GNP，在日本計算GNP時，若是日本人，無論在哪個國家都會列入計算。相反的，在日本工作的美國人和中國人所產生的部分皆不列入計算。

例

大聯盟日本球員的所得 ── 不包括在GDP／包括在GNP

外國人在日本賣車所賺到的錢 ── 包括在GDP／不包括在GNP

將來自國外的收入分類。

Key Point

GNP＝GDP＋來自國外的所得－流向國外的所得

有那麼多活躍於國外的日本選手，卻沒有計算到GDP裡啊！

　　由GDP到GNP的計算方法為，GDP為在國外賺錢的日本人其所得加總，扣除在日本國內工作的外國人收入。它們之間的差也使用「**來自國外的所得－流向國外的所得**」等於「**來自國外的淨所得**」。

國民生產毛額（GNP）	
來自國外的淨所得	國內生產毛額（GDP）

　　過去，幾乎所有的日本人都只在日本國內工作，我們認為，顯示日本經濟能力指標的GNP是最妥當的。然而到了現代，由於也有許多的外國人士在日本境內工作，因此認為GDP也確實能顯示出日本的經濟

現況。（反過來說，我們也認為在歐美工作的日本人所賺的錢也對經濟有一定程度的影響）。

根據三面等價原則，無論是「國內」的概念還是「國民」的概念，都能由生產面、所得面、支出面計算出一定期間的附加價值總計，可以進一步用以下方式呈現。

	日本國內的經濟活動	透過日本人的經濟活動
生產面	國內生產毛額（GDP）	國民生產毛額（GNP）
所得面	國內所得毛額（GDI）	**國民所得毛額（GNI）**
支出面	國內支出毛額（GDE）	國內總支出毛額（GNE）

另外，在統計上並不使用GNP（國民生產毛額），近年來朝向生產大國前進的日本，為應對外國收入的增加，**國民所得毛額**（GNI：Gross National Income）成為非常重要的指標。

計算GDP或GNP時，實際在市場上交易的物品，以市場價格來計算。這是因為它可以顯示由市場交易產生的正確經濟活動。

但是，儘管它顯示了經濟實力，但由於它們不在市場上交易，仍有一些未被計入GDP或GNP當中，為了處理這部分，使用了一種稱為歸屬計算的方法。

例如，租房等支付對應於居住服務的價格，但是若是房屋**持有者**，則無需支付房租，提供服務的部分則不會被計算進GDP或GNP當中。

因此，它將被視同已支付租金並包含在GDP或GNP當中計算。另外，農民的自我消費和社會保障部分的醫療費用，即使沒有對價關係也被用作計算經濟實力的指標。即使產品和服務的交易實際上並沒有在市場上有任何對價收付的行為，也將它視為已經進行的計算稱為**歸屬計算**。

但是，並非意指凡事沒有在市場上進行交易的事物全部都當成歸屬計算，家庭育兒等的**家事勞動**，或上班族消費自己種植的蔬菜就不在計算範圍之內。

另外，被計算進GDP或GNP當中的是「新」產生的附加價值總額，透過既有資產的交易產生的所得不在列計範圍之中。

雖然育兒沒有對價關係，但如果換算成金錢也是筆不得了的金額呢。

例如，透過畫作、股票或土地等買賣，或中古商品交易所產生的利益就不在附加價值的列計當中。但是，為交易它們的仲介手續費等就屬於新產出的附加價值，需要計入 GDP 或 GNP 當中。

2 固定資產折耗

固定資產折耗對應於會計用語的折舊。

將它做個簡單的說明，就是指購買建築物或設備能夠使用一段時間，但並非指能夠永久使用，最終它將成為無法使用的廢棄物。而這個無法使用的日期並非突然發生，我們認為會在使用期間內漸漸地減少價值。例如價值100萬日圓的設備，使用年限為10年，則很單純的每一年將減少10萬日圓的使用價值，並記錄該金額。

這種價值的減少被譯作「削減」，被稱為固定資產折耗。

在一定期間所生產的附加價值加總，是按原始新產品可發揮最大效能的狀態、價值完全不會減少的狀態去測量。如果要精確地計算，則必須減去此價值減少的「固定資產折耗」。

另外，不僅是建築物或設備，道路、橋樑、上下水道、學校等社會資本存量不斷增加的經濟當中，同時固定資產也將會耗損。（固定資產折耗在實際上並沒有支付金錢，但仍可以用「成本」來理解它）。

統計上的國民經濟計算區分為**總**（**Gross**）與**淨**（**Net**）二個概念。國民生產**毛額**（GNP）與國民生產**淨額**（NNP）之間的差即為**固定資產折耗**。

好像有聽過「總」與「淨」的說法！

用總的觀點來看待資產，是指購買時的狀態的金額，由於淨的資產是扣除折耗的部分，所以能夠反映出實際的狀態。

3 由所得面著手

接下來，由於附加價值的合計是三面等價原則的所得加總，國民生產毛額（GNP）與國民所得毛額（GNI）相等，即使透過使用這項總所得會被如何分配（由誰得到？）的觀點，還是能夠由 GNP 或 GDP 的計算來得知。

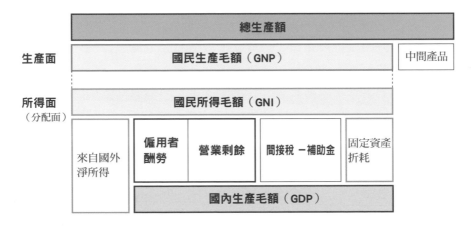

金額的支付當中，為了生產而貢獻的勞動及資本，也就是先分配給勞動者或生產者。

①**僱用者報酬**（僱用者所得）支付給為生產所貢獻的勞動者。

②**營業剩餘**為生產者（企業）為生產所貢獻，以利潤的方式分配給生產者。

③其他還有透過生產支付給政府的項目，間接稅是以稅金名義支付給政府的部分，但是民間除了納稅給政府之外，反過來看也有得到政府補助款的情況。因此把補助款考量進去後以「**間接稅－補助金**」的方式計算。例如，即使支付了 80 萬日圓的間接稅，但另外收到了 50 萬日圓的

補助金，這樣一來實際上支付給政府的金額為80萬日圓－50萬日圓＝30萬日圓。

4 國民所得（NI）

國民生產淨額為經濟實力的指標，以在市場買賣的價格為基礎所測量的**市場價格**來表示。以價格為基礎支付給對土地、勞動力和資本的生產做出貢獻的對象，此一成本被稱為國民所得（NI：National Income），這表示了**要素成本**（所謂要素是指生產要素，表示支付給勞動或資本的支出）。

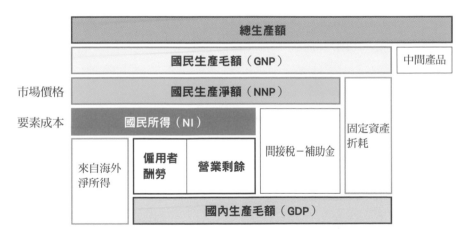

生產要素或要素成本這樣的名詞，感覺有點困難呢！

貢獻於生產的資本或勞動為「生產要素」，使用它們為「要素投入」，若支付費用則為「要素成本」。非常經濟學的名詞呢。

5 由支出面著手

　　這次要以支出面來看待附加價值的合計。使用以有效需求原理的思維模式來決定國民所得的公式吧。經濟理論上，總支出以「國民所得（Y）＝消費支出（C）＋投資支出（I）＋政府支出（G）＋出口（X）－進口（M）」來表示。將它們替換為國民經濟上的詞語。

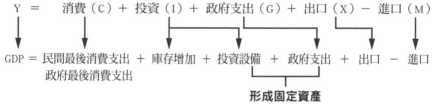

經濟理論（有效需求原理）用語

Y ＝ 消費（C）＋ 投資（I）＋ 政府支出（G）＋ 出口（X）－ 進口（M）

GDP ＝ 民間最後消費支出 ＋ 庫存增加 ＋ 投資設備 ＋ 政府支出 ＋ 出口 － 進口
　　　政府最後消費支出

形成固定資產

　　首先，消費被分為民間與政府的消費支出。消費支出指民間的消費支出之外，還有透過政府的最終消費支出。

　　我們來說明關於**政府最終消費支出**。平時我們在不知不覺當中接受了警察、消防、軍備等公共服務，我們並非直接支付這些對價服務（我們並沒有直接購買這些服務）　像這些公共服務在統計上被計入政府最終消費支出。另外還有政府負擔的醫療保險或照護保險給付等實物給付，或公務員人事成本的僱用者酬勞等。

　　關於投資，有民間與政府設備投資的建築物、住宅、機械設備等的「**固定資本形成**」，與成為庫存投資的原物料、產品等在流通時所構成的「**庫存品增加**」。由於它會成為每年股本的累積，並且支持未來擴大生產的要素（對未來的利益有貢獻），因此必須將它與消費做區分。

進入高齡化社會，感覺醫療費或政府消費的金額似乎會愈來愈大了。

的確可以期待透過政府消費的經濟效益，考慮未來的話還是使股本增加這一類的公共投資比較能令人抱持期望。

	生產面	國內生產毛額（GDP）			
	支出面	國內支出毛額（GDE）			
		民間、政府 最終消費支出	固定資本 形成	庫存品增加	出口－進口

Key Point

由所得面（分配面）推算的 GDP

以有效需求大小為基礎計算的情況

　　GDP ＝民間最終消費支出 ＋ 政府最終消費支出 ＋ 庫存品增加
　　　　　＋ 設備投資 ＋ 政府支出 ＋ 出口 － 進口

練習題

　　下列以國民所得來計算的內容，哪二項所表示的內容為宜呢？

A. 　國內生產毛額(GDP)扣除中間產品後得到國內生產淨額(NDP)。

B. 　國內生產毛額(GDP)扣除固定資產折耗得到國內生產淨額(NDP)。

C. 　國民生產淨額(NNP)扣除間接稅加上補助款得到國民所得毛額(GNI)。

D. 　國民所得毛額(GNI)加上出口，再扣除進口得到國內生產毛額(GDP)。

E. 　當來自國外的淨所得為負數時，國民所得毛額(GNI)會比國內生產毛額(GDP)還要小。

1. 　A、C

2. 　A、D

3. 　B、D

4. 　B、E

5. 　C、E

（地方上級　改題）

【解説】

A. ×　國內生產毛額（GDP）扣除固定資產折耗得到國內生產淨額（NDP）。

B. ○　正確。

C. ×　國民生產淨額（NNP）扣除間接稅加上補助款得到國民所得（NI）。

D. ×　國民所得毛額（GNI）與國民生產毛額（GNP）的總量相同，將它們減去來自國外的淨所得後得到國內生產毛額（GDP）

E. ○　國民所得毛額（GNI）與國民生產毛額（GNP）的總量相同，它們是將國內生產毛額（GDP）加上來自國外的淨所得。若來自國外的淨所得為負數時國民所得毛額（GNI）會比較少。

綜合上述，**正確答案為4**。

國民生產毛額 = 國民所得毛額	
來自國外的淨所得	國內生產毛額（GDP）

「國民」與「國內」的差異在於來自國外金額的部分呀！

練習題

我們得到下列的資料。

（單位：兆日圓）

國民生產毛額	495
僱用者所得	280
營業剩餘	90
間接稅	40
補助金	5
來自國外淨所得	10

像這樣的經濟狀態，固定資產折耗與國內生產淨額的總量，哪一個選項為宜？

（單位：兆日圓）

	固定資產折耗	國內生產淨額
1.	70	395
2.	75	400
3.	80	405
4.	85	410
5.	90	415

（地方上級　改題）

【解說】

將每個數值如下圖應用，計算出固定資產折耗與國內生產淨額。計算方法適用於各個面向的計算。

考試時遇到這種考題，若能製作出如上圖般簡單的圖表，就可以以連鎖式的方式做答了。
若了解這張表的話，就等於解開了題目。

國內生產淨額＝280（僱用者所得）＋90（營業剩餘）＋35（間接稅－補助款）＝405

國民生產淨額＝405（國內淨生產）＋10（來自國外的淨所得）＝415

固定資產折耗＝495（國民生產毛額）－415（國民生產淨額）＝80

綜合上述，**正確答案為3**。

國家圖書館出版品預行編目資料

圖解總體經濟學 / 茂木喜久雄著；黃意凌譯. -- 初版. -- 臺中市：
晨星出版有限公司, 2021.06
面；公分. —（知的！；181）
譯自：絵でわかるマクロ経済学

ISBN 978-986-5582-55-5（平裝）

1.總體經濟學

551   110005148

知的！181

圖解 總體經濟學
絵でわかる マクロ経済学

作者	茂木喜久雄
封面、內文圖片	中村知史
譯者	黃意凌
責任編輯	吳雨書
校對	吳雨書、曾盈慈
封面設計	高鍾琪
美術設計	曾麗香

掃描 QR code 填回函，成為晨星網路書店會員，
即送「晨星網路書店 Ecoupon 優惠券」一張，同
時享有購書優惠。

創辦人	陳銘民
發行所	晨星出版有限公司
	407 台中市西屯區工業 30 路 1 號 1 樓
	TEL：04-23595820 FAX：04-23550581
	行政院新聞局局版台業字第 2500 號
法律顧問	陳思成律師
初版	西元 2021 年 6 月 15 日　初版 1 刷
總經銷	知己圖書股份有限公司
	106 台北市大安區辛亥路一段 30 號 9 樓
	TEL：02-23672044 / 23672047　FAX：02-23635741
	407 台中市西屯區工業 30 路 1 號 1 樓
	TEL：04-23595819 FAX：04-23595493
	E-mail：service@morningstar.com.tw
	網路書店 http://www.morningstar.com.tw
訂購專線	02-23672044
郵政劃撥	15060393（知己圖書股份有限公司）
印刷	上好印刷股份有限公司

定價 420 元
（缺頁或破損的書，請寄回更換）

ISBN 978-986-5582-55-5
《 E DE WAKARU MACRO KEIZAIGAKU 》
© KIKUO MOGI　2019
All rights reserved.
Original Japanese edition published by KODANSHA LTD.
Traditional Chinese publishing rights arranged with KODANSHA LTD.
through Future View Technology Ltd.